歴史文化ライブラリー

178

吉川弘文館

古代の蝦夷と城柵

熊谷公男

目次

蝦夷論への視座

蝦夷文化の形成

城柵形成史

文献史料からみえてくる蝦夷の文化

蝦夷論への視座

蝦夷観念の形成

蝦夷研究と文献史料・考古資料

古代、東北地方から北海道にかけての地域の住民は蝦夷（エミシ）とよばれた。毛人・蝦蛦とも書き、奈良時代以降はエビスともよばれるようになる。十一世紀ごろから、和歌などで津軽から北海道にかけての住民をとくにエゾとよぶようになり、しばらくエミシ・エビスと併用されたが、やがて鎌倉期には「蝦夷」をエゾと訓《よ》むことが定まり、中世的エゾ観念が確立する。

古代蝦夷に関する研究は、これまで古代史（文献史学）と考古学の双方からアプローチがおこなわれ、それぞれの分野で研究成果が蓄積されてきている。しかし残念ながら、両分野における研究成果がしだいに総合されつつあるとはいえない状況にあると思われる。その理由として、文献史学と考古学では扱う史・資料も研究方法も大きく異なっていて、たがいに相手側の研究成果を理解し、自己の研究に取り込むのがむずかしいということがあるのはいうまでもないが、その根底には、文献資料も考古資料もそれぞれに史・資料としての特性があって、おのおのの史・資料を通して認識できる事実にはいずれも大きな限界があるという問題が横たわっていると思われる。

いずれの史・資料も、適切な方法によって分析・考察がおこなわれれば、一定の事実が導き出せることは当然であるが、問題はそうして認識された事実は、歴史の総体からみればいずれもそのごく一部にすぎないということである。しかも、それぞれの史・資料が本来もっている特性の違いから、文献資料と考古資料では認識が可能な事実の位相に大きな相違が存在している。筆者は、このことが蝦夷研究において両分野の成果の総合をむずかしくしている根本原因ではないかと考えるようになった。

多少具体的に説明すると、古代の文献史料によって認識しやすいのは、支配イデオロギーをはじめとする思想や観念、政治制度や儀礼、戦乱などの非日常的なできごと、およびこれらに関わる年代や人物などの情報である。一方、考古資料はこういった分野の研究にはおおむね不向きで、遺構から認識できる建築物・道路・墳墓などの施設の平面構造・配置・建造技術、および遺物から認識できる生活文化や技術、さらにはそういったものの地域間の伝播・交流といった情報が基本になると思われる。ところが文献史料では、逆にこういった情報は認識しにくいのである。そのため一般的には、古代史・考古学いずれにおいても、お互いに相手の分野の研究成果を自己の学問的方法で検証することは、決して容易ではない。その結果、どうしても自己の分野の史・資料のみに立脚した研究方法がとられがちで、東北古代史もその例外ではなかったと思われる。何よりも筆者自身が、これまでそのような研究方法をとってきたことを率直に認めなければならない。

もちろん、このような研究方法がもっとも基本的でオーソドックスなものであって、通常の研究テーマであれば一定の有効性をもっていることはいうまでもないが、本書の主題である蝦夷や城柵《じょうさく》といった広範な領域にまたがる歴史事象では、いずれか一方の史・資料のみでは事実の一面を明らかにすることはできても、その全体像に迫ることはとうてい不可能であろう。そこで本書では、古代史の立場に立ちながら、近年の考古学分野における研究成果も、筆者の能力の許すかぎり取り入れ、蝦夷や城柵の実態に迫ってみたいと思う。

「蝦夷」観念の本質とその意義

「蝦夷（エミシ）」とは、古代東北・北海道の住民がみずからをよんだ呼称ではない。古代国家がその支配領域の辺境にあたる列島の東北方に住む人びとを一括して名づけたよび名である。蝦夷論の根元的問題は、まさにここにあると思われる。すなわち「蝦夷」という概念それ自体は、王権が自己の側からみて〝王化〟にしたがわない異質の民であるとみなした人びとを、一定の政治的意図からよんだ呼称なのである。その目的は大きくいって二つあった。一つは、日本の古代王権が僻遠《へきえん》の地の〝化外《けがい》の民《たみ》〟をしたがえた〝小帝国〟であることを内外にわたってアピールすることである。のちにみるように、古代王権は唐に対してさえそのことを主張したことがあった。もう一つは、蝦夷をことさらに野蛮視、異族視することによって、古代国家によるその支配を正当化しようとしたことである。「蝦夷」概念は、一義的にはこのような政治的意図から古代国家によって構築された政治的イデオロギーであった。

注意しておきたいのは、「蝦夷」概念は単なる空疎な観念体系として存在したのではないということである。〝化外の民〟の支配、征討といった古代王権の政治行為を正当化し、それをささえるという現実的な機能をになうものであった。〝小帝国〟を標榜《ひょうぼう》する列島の古代王権にとって〝化外の民〟の入朝は王権の権威を高めるために必要なことであったし、北方への支配領域の拡大、あるいは蝦夷集団の朝貢《ちょうこう》を通した支配は〝化外の民〟の教化という名目で正当化された。古代国家の〝小帝国〟的立場の維持や蝦夷支配にとって、「蝦夷」概念はなくてはならない存在であったといってよい。

このように「蝦夷」とは、もともと実体的な種族名や民族名とは次元を異にする概念であった。のちに述べるように、「蝦夷」とよばれた人びとの生活文化は決して一様ではなかったし、彼らの多くがお互いに〝われわれ〟という同類意識をもっていたかも検討の余地があると思われる。古代国家にとって、みずからの〃小帝国〃としての体裁をととのえるためにも、あるいはその支配や征討を正当化するためにも、蝦夷は明確に異族としての属性をもった存在でなければならなかったのである。そのような政治的要請から、古代国家の蝦夷観には、つねに異族性がまとわりついていたし、それには当然のことながら誇張も含まれていた。したがって古代国家が主張、あるいは喧伝《けんでん》する蝦夷像をそのまま蝦夷の実態を客観的に示したものと受け取ることは、もちろんできない。

しかしもう一方で、蝦夷は古代王権とたえず接触、交流があり、王権の側からすれば、支配、同化されるべき存在であった。このような王権による支配、征討、あるいは民間レベルでの交流といったかたちでの蝦夷との不断の接触は、いやがうえでも王権や一般の人びとに蝦夷の実像を認識させる契機となった。何よりも、蝦夷の実態の正確な把握なしには、古代国家が彼らを安定的に支配したり、彼らとの戦いを有利に導くことは不可能であった、ということを想起すべきである。こうして蝦夷観は、蝦夷の実態を一定程度反映するものにならざるをえないのである。

以上のようなことから、蝦夷に関する文献史料は、政治的要請からのイデオロギー的蝦夷像と、たえざる蝦夷との接触を通して認識されるようになった実態にもとづく蝦夷像が入り交じって記録されているといってよい。蝦夷を未開で野蛮な異族とする観念的な記述がいたるところにみられる一方で、蝦夷の実態の解明につながる、事実にもとづいた記述も決して少なくない。両者を選り分けて、何らかの意味で事実を伝える記述を糸口にして蝦夷の実態にせまっていくという姿勢が、文献史料による蝦夷研究にはぜひとも必要なのである。

蝦夷観念の成立

このような蝦夷観念がいつごろ成立したかは、以下の本書での考察の前提になることなので、ここで簡単に検討しておきたい。

まずこの問題に手がかりを与えてくれるのは四七八年に倭王武《わおうぶ》が南朝宋《そう》の皇帝に差し出した上表文である。その冒頭部分に「封国《ほうこく》は偏遠《へんえん》にして、藩を外に作《な》す。昔より祖禰《そでい》、躬《みずか》ら甲冑《かっちゅう》を擐《つらぬ》き、山川を跋渉《ばっしょう》し、寧処に遑《いとま》あらず。東は毛人を征すること五十五国、西は衆夷《しゅうい》を服《ふく》すること六十六国、渡りて海北を平ぐること九十五国」とあることはあまりにも有名であるが、ここで倭国《わこく》の東方の住民を「毛人」とよんでいることが注目される。この「毛人」は、「衆夷」との対比から考えてもおそらくのちの蝦夷概念とまったく同じではなく、むしろ後文の景行紀《けいこうき》四十年条にみえる「東夷」に近い概念で、東国の人びとをも広く含んだ概念であろうとみられる。しかし「毛人」はやがてエミシと訓まれるようになるので、ここにみえる「毛人」は原初的な蝦夷観念とみてよいであろう。蝦夷観念成立の前段階を示すものと位置づけられよう。

つぎに重要な史料は『日本書紀』敏達紀《びだつき》十年（五八一）閏《うるう》二月条である。このとき蝦夷の「魁帥《ひとごのかみ》」（族長）綾糟《あやかす》が来朝して大王に対して服属を誓うのであるが、『日本書紀』にはそのときのようすがつぎのように記述されている。

> 綾糟等、懼然恐懼《おぢかしこま》りて、乃《すなは》ち泊瀬《はつせ》の中流《かはなか》に下《おりゐ》て、三諸岳《みもろのをか》に面《むか》ひて、水を歃《すす》りて盟《ちか》ひて曰《まう》さく、「臣等蝦夷、今より以後、子子孫孫《うみのこやそつづき》、古語《ふること》に、生児八十綿連《うみのこやそつづき》と云ふ。清明心《きよきあかきこころ》を用《も》ちて、天闕《みかど》に事《つか》へ奉《まつ》らむ。臣等、若《も》し盟《ちかひ》に違《たが》はば、天地《あめつち》の諸神と天皇の霊《みたま》、臣《やつこ》が種《つぎ》を絶滅《た》えむ」とまをす。

この綾糟らの誓約の場面は、蝦夷の服属儀礼のようすを伝えた唯一の史料で、きわめて興味深い。綾糟らは敏達天皇の前で泊瀬川の流れに入り、「三諸岳」すなわち三輪山《みわやま》に向かって水をすすって服属の誓いをたてる。誓詞《せいし》の前段で子々孫々にわたって忠実に天皇に仕えることを誓い、後段には誓約に違反したら天地諸神と天皇霊の罰がくだるであろうという呪詛文言《じゅそもんごん》が付される。この構成は、おもしろいことに中世の起請文《きしょうもん》と同じである。

この記事のような蝦夷の服属儀礼は八世紀以降の律令国家の段階にはまったくみられない。七世紀代には王宮で蝦夷の服属儀礼がおこなわれていたが、それらとも異なるので、この記事は六世紀後半代に実際におこなわれていた儀礼の姿を伝えた史料とみてよいと思われる（拙稿「蝦夷の誓約」『奈良古代史論集』一、一九八五年。同「蝦夷と王宮と王権と―蝦夷の服属儀礼からみた倭王権の性格―」『奈良古代史論集』三、一九九七年)。

そうすると、遅くとも六世紀の後半には服属した蝦夷が王宮にまで朝貢してきて服属儀礼をおこなっていたことになるが、王権が蝦夷にこのような服属儀礼を強制する思想的根拠になったものこそ蝦夷観念であったと考えられる。このころすでに蝦夷観念が形成されていたばかりでなく、倭王権はそのような観念を背景として蝦夷として把握した人びとと朝貢制的な政治関係をむすび、入朝をうながす政策をとっていたことがうかがわれる。すなわちこの時期、蝦夷観念は倭王権が列島東北部の人びとを〝化外の民〟として王権のもとに組織する支配理念としてすでに機能していたのである。そこで本書では、蝦夷観念の成立時期を六世紀代とみておく。

そこでつぎに、『日本書紀』から蝦夷に関する代表的な記述を取り上げて、文献史料の蝦夷に関する記述のもつ特質をさらに具体的に考えてみたい。

蝦夷認識の観念性と現実性

景行紀の蝦夷観

『日本書紀』景行紀《けいこうき》四十年七月条には、反乱を起こした蝦夷の平定に派遣されることになった日本武尊《やまとたけるのみこと》に向かって父の景行天皇が、蝦夷とはどのような人びとかを説明して聴かせる有名なくだりがある。

其の東夷の中に、蝦夷は是尤《もと》も強《こは》し。男女交《まじ》り居《ゐ》、父子別《わきため》無し。冬は穴に宿《い》ね、夏は樔《す》に住む。毛を衣《き》、血を飲み、昆弟《えおと》相疑ふ。山に登ること飛禽《とぶとり》の如く、草を行くこと走獣《はしるしし》の如し。恩を承けては忘る。怨を見ては必ず報ゆ。是を以て、箭《や》を頭髻《たきふさ》に蔵《かく》し、刀を衣の中に佩《は》き、或いは党類《ともがら》を聚《あつ》めて辺界《ほとり》を犯《をか》す。或いは農桑《なりはひのとき》を伺ひて人民《おほみたから》を略《かす》む。撃てば草に隠れ、追へば山に入る。故《かれ》、往古《いにしへ》より以来《このかた》、未だ王化《みおもぶけ》に染《したが》はず。

「男女交り居、父子別無し。冬は穴に宿ね、夏は樔に住む。毛を衣、血を飲み、昆弟相疑ふ」の箇所は『史記《しき》』『礼記《らいき》』『文選《もんぜん》』といった漢籍に類似の表現があり、蝦夷の習俗の実録的な記述とみなすことのできないものであることは周知のとおりである。つづく「山に登ること飛禽の如く、草を行くこと走獣の如し。恩を承けては忘る。怨を見ては必ず報ゆ」の部分も、蝦夷が人間ばなれした〝野性獣心〟（延暦二十一年〈八〇二〉、坂上田村麻呂《さかのうえのたむらま》呂《ろ》が引きつれて入京した「賊首」阿弖流為《あてるい》と母礼《もれ》が処刑されることになったときに田村麻呂は二人の助命を求めたが、公卿たちは「野性獣心にして、反覆して定めなし」として強硬に反対する）のもち主であることを観念的に述べたにすぎない。そのあとの「箭を頭髻に蔵し、刀を衣の中に佩き……」の箇所は、蝦夷はしばしば信義に反するだまし討ちをする連中だということを、これまた観念的にいおうとしたものだと思われる。天平九年（七三七）、多《た》賀城《がじょう》―秋田城《あきたじょう》間の直通路の開設事業に陸奥側の指揮官として参画した鎮守《ちんじゅ》将軍大野《おおの》東《あずま》人《ひと》は、「夫《そ》れ狄俘《てきふ》は、甚《はなは》だ姦謀《かんぼう》多く、其の言恒《ことつね》なし。輙《たやす》く信ずべからず」（『続日本紀《しょくにほんぎ》』同年四月戊午条）と語っているが、都の貴族たちが蝦夷に対して抱いていたこのような不信感にもとづく述作であろう。そしてこれらの蝦夷に関する記述は、すべて末尾の「故、往古より以来、未だ王化に染はず」という一文に収斂《しゅうれん》するとみるべきである。要するにこの景行天皇のことばなるものは、『書紀』の編者が、蝦夷とよばれる人びとがなぜ王化にしたがわないのかを漢籍を援用しながら観念的に叙述したものといってよい。しかし観念的であるがゆえに、かえってここには古代貴族の蝦夷観がもつ観念的性格がもっとも純化された形で表現されている。王化にしたがわない蝦夷は〝野性獣心〟でなければならないし、彼らが〝野性獣心〟の異俗の民とみなされるからこそ天皇が主体となっておこなう支配も征討も正当化されるのである。たとえば宝亀五年（七七四）に光仁《こうにん》天皇が鎮守将軍らに蝦夷の征討を命じた勅には「今将軍等の奏を得るに、蠢《しゅん》たる（愚かな）彼の蝦狄《えみし》、野心を悛《あらた》めず、屡しば辺境を侵して、敢へて王命を拒む。事已《や》むを獲《え》ず。一に来奏に依り、宜しく早く軍を発し時に応じて討滅すべし」（『続日本紀』同年七月庚申条）とあって、暗愚な蝦夷たちが「野心」を改めないで律令国家の支配領域を侵して「王命」にしたがわない、という理由で征討を命じている。「野心」を改めず、「王命」にしたがわない野蛮な習俗をもつ〝異俗〟の民ということが征討の敢行を正当化する根拠とされているのである。

〝エミシ〟の用字と蝦夷観

このように古代国家の蝦夷観には、右のごとき〝野性獣心〟の異俗の民という認識とともに、一般の倭人《わじん》（和人）（本書では、古代の列島の住民のうち、倭王権・律令国家の支配領域に取り込まれた一般の人びとを「倭人」とよび、蝦夷・隼人・南嶋人などの異族と区別することにしたい）とは異なる姿かたちをした異相の民であるという認識も当初から付随していた。そのことは〝エミシ〟ということばの表記に用いられた漢字からうかがうことができる。〝エミシ〟は「蝦夷」と表記されることが一般的であるが、はやくから「毛人」とも書かれた。さきに引用した倭王武《わおうぶ》の上表文に、倭国の東方に「毛人」が住んでいたという記述がみえる。この「毛人」は、おそらくのちの蝦夷概念とまったく同じではなく、むしろ景行紀四十年条にみえる「東夷」に近い概念で、東国の人びとをも広く含んだ概念であろうとみられる。秦漢のころに成立したとみられる『山海経《せんがいきょう》』の「海外東経」によれば、中国の東北方には全身に毛の生えた人びとの住む「毛民国」があるとされるが、倭王武の上表文にみえる「毛人」はこの「毛民国」の影響とみられることが指摘されている（高橋富雄『蝦夷』吉川弘文館、一九六三年、四三ページ）。おそらくその通りと思われるが、これがやがてエミシと訓まれて東北・北海道の住民を指すようになるのは、蝦夷は多毛であるという形質的特徴を表現しようとしたものに違いなく、蝦夷観が当初から異相性を包含するものであったことを示していよう。

つぎにもっとも一般的な用字である「蝦夷」について考えてみると、「夷」が「東夷《とうい》」の「夷」に由来することは疑いない。したがって、「蝦夷」という概念が倭国、ないしは日本的な華夷《かい》思想の所産であることは明白といってよい。問題は、そのまえに「蝦」という字がついていることである。「蝦」は、「蝦蟇《かぼ》」でひきがえるという意味もあるが、本来はエビという意味である。ふるく本居宣長《もとおりのりなが》が「蝦夷は、延美斯《えみし》なり、名義は、身に凡《すべ》て長き鬚《ひげ》の多きを以て、鰕《えび》になぞらへたるなり」といっているように（『古事記伝』二十七之巻、『本居宣長全集』第十一巻、筑摩書房、一九六九年、二三六ページ）、「蝦」は「鰕」に通じてエビの意味で、エビは『爾雅《じが》』に「蝦は鬚多し。善く游《およ》ぎて好みて躍《をど》る」とあり、『洞冥記《どうめいき》』に「丹蝦有り。長さ十丈、鬚の長さ八尺」とみえるように、長鬚《ちょうしゅ》、多鬚《たしゅ》のシンボルであった。唐代に成立した法制書である『通典《つてん》』（巻一八五　辺防）には顕慶四年（斉明五年〔六五九〕）に遣唐使にしたがって入朝した蝦夷の使人について、「其の使、鬚の長さ四尺」と特記しているように、現実に蝦夷にはひげの長い人物がいた。『続日本紀』などでは、陸奥の蝦夷を「蝦夷」と記すのに対して、出羽の蝦夷は「蝦狄」と記すのが原則で、どちらにも「蝦」の字を冠しているのは、「蝦」＝長いひげないし多毛という外貌が古代国家の蝦夷観に、本来、不可欠の構成要素であったことを物語っていよう。王化にしたがおうとしない〝野性獣心〟の持ち主である蝦夷は、それに相応《ふさわ》しい外見を具有している必要があったのである。

律令国家の蝦夷認識

〝化外《けがい》の民《たみ》〟である蝦夷は〝野性獣心〟の心性と〝多毛〟の外貌とをもつ異俗・異相の民である――これがもっとも本源的な、いわば当為としての蝦夷観であったと思われる。そこでつぎにこのことを律令国家段階の蝦夷認識を示す史料から裏づけてみよう。

(a) 野心馴れ難く、屡しば良民を害す（『続日本紀』和銅二年〔七〇九〕三月壬戌条）
(b) 実に狂心を縦《ほしいまま》にして、屡しば辺境を驚かす（同書和銅五年〔七一二〕九月己丑条）
(c) 夷性狼心にして、猶豫して（ためらってなかなか決断しない）疑多し（同書天平宝字二年〔七五八〕六月辛亥条）
(d) 自頃《このごろ》、夷俘《いふ》猖狂《しやうきやう》（狂気の沙汰の乱行）にして、辺垂《へんすい》守《まもり》を失ふ（同書延暦二年〔七八三〕四月乙丑条）
(e) 豺狼《さいろう》（やまいぬとおおかみ、貪欲で残酷な人のたとえ）の野心、慎まざるべからず（『類聚三代格《るいじゆうさんだいきやく》』天長七年〔八三〇〕閏十二月二十六日官奏）
(f) 夷狄《いてき》の情、貪慾を業と為す（同書承和十一年〔八四四〕九月八日官符）
(g) 俘夷の徒、老少の別無く、放縦（勝手きまま）を事と為し、暴乱すること意の任なり（『日本文徳天皇実録』天安二年〔八五八〕五月己卯条）
(h) 彼の両地（＝陸奥出羽）は、異類群居し、是非に暗昧にして、礼義を簡略にす。頃者、梟声《きようせい》転《うたた》大にして、狼心益ます狂ひ、我が人民を殺し、我が城邑を焼く（『日本三代実録』元慶二年〔八七八〕六月八日壬申条）

ここにみられるように、蝦夷は「野心」(a)、「豺狼の野心」(e)、「狂心」(b)、「狼心」(c)(h)、といった〝野性獣心〟の心性をもつことがくり返し語られており、それゆえに「猖狂」(d)、「貪慾」(f)、「放縦」(g)、「猶豫して疑多し」(c)、「是非に暗昧にして、礼義を簡略にす」(h)といった人倫にもとる行動をくり返して王化にしたがわない、ということがしばしば語られている。またとくに九世紀には、(h)のごとく蝦夷をさして「異類」ということが散見されるが、「類」とは、本来、形、姿、様子といった具体的形象の意味を有する語であり、「具体的形象の相似性こそが『類』」と考えられるので（武田佐知子「律令国家と蝦夷の衣服」『アジアのなかの日本史V　自意識と相互理解』東京大学出版会、一九九三年）、「異類」とは外貌や習性といった、主に視覚から認知できる特性が通常の倭人とは異なる人びとという意味合いが込められたことばであろう。すなわち異相性を含んだ概念とみられる。ただし八世紀以降は、意外にも、蝦夷が長鬚もしくは多毛であると考えられていたことを具体的に示す史料はほとんどみられなくなるので、異相性をヒゲもしくは体毛によって象徴するような観念は比較的はやく消滅してしまうようである。九世紀以降、「蝦夷」「蝦狄」という語があまり使われなくなり、単に「夷」「狄」ということが多くなるが、あるいはこの現象も右の蝦夷認識の変化と関連するのかも知れない。

このように、蝦夷を〝野性獣心〟の心性と〝多毛〟の外貌とをもつ異俗・異相の民とするイデオロギー的な蝦夷観は、若干の変容をこうむりながらも、少なくとも平安初期にいたるまで存続した。しかし守旧的な古代貴族といえども、いつまでもこのような観念的で硬直した蝦夷観を墨守《ぼくしゅ》しつづけたわけではない。古代貴族は、さまざまな形で蝦夷と実際に接触する機会があった。服属した蝦夷は、後述のように、六世紀以降はヤマトの王宮にまで来朝するようになるし、遠征、征討、地方官としての下向、交易などで貴族やその使人が陸奥・出羽へ出向くことも少なくなかった。またこういった機会を通じて、一般民衆が実際に蝦夷を目の当たりにすることもしだいに増えていったとみられる。こうした蝦夷との接触、交流によって、伝統的、観念的な蝦夷観はしだいに変容していった。

「伊吉連博徳書」にみえる蝦夷観

『日本書紀』斉明紀に引載された「伊吉連博徳書《いきのむらじはかとこしょ》」は、一定の現実的根拠をもった七世紀代の蝦夷観を伝えるものとしてきわめて重要である。斉明五年（六五九）に派遣された遣唐使は二人の蝦夷の男女を同道して唐に行き、唐の皇帝高宗《こうそう》に謁見《えつけん》したが、このときの様子を記した「伊吉連博徳書」（遣唐使の随員として入唐した伊吉連博徳の手記、『日本書紀』斉明紀に引用）によれば、高宗はこの二人の蝦夷に興味を示し、矢継ぎばやに質問をあびせた。そのときのやりとりを「博徳書」はつぎのように伝えている（『日本書紀』同年七月条）。

高宗「此等の蝦夷の国は、何れの方に有りや」
使人「国は東北に有り」
高宗「蝦夷は幾種ぞや」

使人「類に三種有り。遠き者を都加留《つかる》（津軽の蝦夷）と名づけ、次の者を麁蝦夷《あら》（まだ服属していない、荒々しい蝦夷）と名づけ、近き者を熟蝦夷《にき》（服属した、従順な蝦夷）と名づく。今此は熟蝦夷なり。歳毎に、本国の朝に入貢す」
高宗「其の国に五穀有りや」
使人「無し。肉を食《くら》いて存活《わたら》ふ」
高宗「国に屋舎有りや」
使人「無し。深山《みやま》の中にして、樹の本に止住す」
高宗「朕、蝦夷の身面の異《け》なるを見て、極理《きわま》りて喜び怪しむ」

また斉明紀の同じ条に引く「難波吉士男人書《なにわのきしおひとしょ》」には「副使、親《みづか》ら天子に観《まみ》えて、蝦夷を示《み》せ奉る。是に於いて、蝦夷、白鹿の皮一つ・弓三つ・箭八十《ややそ》を以て、天子に献ず」とあり、このとき蝦夷が鹿の皮と弓矢を高宗に献じたことが特記されている。

両書は、遣唐使の随員の手記ということからみて、基本的には実録的性格のものと考えてよい。しかもこのときには、実際に蝦夷の男女二人が遣唐使の使節に随行し、使人とともに唐の皇帝に謁見しているから、そのときの事実にもとづいた記述であることは否定できないであろう。両書の記事のなかでとくに注目されるのは、まず蝦夷の食住に関して、(イ)農耕をおこなわず、獣肉を食べて生活しており、皇帝に鹿皮と弓矢を献じたという点と

(ロ)深山の木のもとに居住しているという点、つぎに蝦夷の外貌について、(ハ)副使が皇帝に蝦夷を謁見させたところ、皇帝は蝦夷の姿かたちが特異なことにいたく興味を示したという点、および蝦夷と倭王権との関係について、(ニ)三種に分けられる蝦夷のうち熟蝦夷は倭国の朝廷に毎年朝貢してきているということを皇帝に説明している点、などである。(イ)の諸点はすべて蝦夷が狩猟をおこなっていたことを示すものであるし、(ロ)も一般の倭人と居住形態が異なることをいおうとしたものと解されるが、事実かどうかは慎重に見きわめる必要がある。これらは蝦夷が倭人とは異なった習俗をもった異族であることを中国側に印象づけようとした説明とみられる。また(ハ)は蝦夷が倭人とかなり異なった外貌をしていることを示そうとした記述である。したがって「博徳書」「男人書」の記述からうかがわれる蝦夷像とは、倭国の東北の辺境に住む、倭人と異なる風俗・習慣・外貌をもつ人びとで、倭国の朝廷に定期的に朝貢してくる、ということになろう。

しかもこのとき渡唐した蝦夷については中国側の史料にも記録がとどめられている。『通典』（巻一八五　辺防）はこのときのことを「其の使、鬚《ひげ》の長さ四尺。尤も弓矢を善くす。箭《や》を首に挿し、人をして瓠《ひさご》を戴きて立たしめ、四十歩にして之を射て、中《あた》らざること無し。大唐顕慶四年（六五九＝斉明五）十月、倭国の使人に随ひて入朝す」と伝える。鬚の長いことは異相性を表わし、弓矢の上手なことは狩猟民という異俗性に通じるから、『通典』

の記述もまた蝦夷の特異な習俗・外貌を伝えており、全体として「博徳書」「男人書」と照応する内容になっているといってよい。したがってこれらの史料は、景行紀の観念的な記述とは明らかに異なっていて、七世紀代の蝦夷の現実の習俗・外貌の一端を伝えるものであると、ひとまず判断せざるをえない。

ただし、だからといって両書の記述が当時の蝦夷の実態を客観的に伝えたものと考えるのは早計である。「男人書」には「副使、親ら天子に覲えて、蝦夷を示せ奉る」と記されていて、このときの使節が高宗に謁見した重要な目的の一つが蝦夷の男女二人を高宗にじかに会わせることにあったことが察せられる。しかも「博徳書」では、三種類ある蝦夷のうち同道した男女は熟蝦夷であり、その熟蝦夷は毎年倭国に入貢してくると説明しているところからみると、このときの遣唐使が蝦夷の男女二人をわざわざ使節に同道してまで唐へ連れていったのは、倭国は蝦夷という異俗・異相の民をしたがえた〝小帝国〟としての内実を備えた国である、ということを唐に向かって示すためであったとみてよいであろう。とすれば、遣唐使に随行した蝦夷の男女二人は、そのような政治的意図にかなった人物が選ばれたとみる必要がある。すなわち、このときの蝦夷がひげが長くて弓の名手であったのは、それが蝦夷の異俗・異相性を唐に印象づけるのに効果的であったからにちがいない。事実、高宗の「其の国に五穀有りや」という問に対して使人が「無し。肉を食いて存活ふ」と断定的に答えているのは、後述する近年の考古学的成果からみて明らかに誇張が含まれているし、つぎの「国に屋舎有りや」という下問に対する返答も同様に考えられる。そうであるとすると、「博徳書」自体がいくら実録的であっても、同道した蝦夷の男女の選定基準や使人の返答が中央貴族の蝦夷観を色濃く反映したものとみられるから、その記述は全体として当時の中央貴族の蝦夷観を伝えたもので、蝦夷の異俗・異相性を誇張した内容になっていると判断せざるをえない。したがってこの斉明紀の記述からは、七世紀代の蝦夷のなかにこのようにひげが長くて、弓術に長《た》けた狩猟民が確かに含まれていたということはいえても、ここにみえるような習俗・外貌が当時の蝦夷に一般的であったとただちにみなすことはできないことになる。

斉明紀の遣唐使の記事は、蝦夷の実態を客観的に伝えたものとはいいがたいが、彼らの習俗・外貌のうち、倭人からみてもっとも異質な部分の実録的な記述を含んでいる、と評価することはできると思われる。なお、弓矢が蝦夷の生活と深いかかわりがあったことを示す史料は、同じ斉明紀の阿倍比羅夫《あべのひらふ》の北征記事に、齶田《あぎた》蝦夷恩荷《おが》が「官軍の為の故に弓矢を持たず。但し奴等《やつこら》、性《ひととなり》 肉《しし》を食ふが故に持てり。若《も》し官軍の為に、以て弓矢を儲《まう》けたらば、齶田浦の神知りなむ。清き白《あか》き心を将《も》て、朝に仕官《つかへまつ》らむ」といって朝廷に忠誠を誓ったとある（『日本書紀』斉明紀四年〔六五八〕四月条）のをはじめとして、少なからずみうけられる。なかにはのちに取り上げる戦闘関係の史料のように、事実にもとづく記述と思われるものも確かにあるので、蝦夷が一般に弓矢に長けていたということは事実として認めざるをえないと思われる。

文献史料の有効性と限界

このように、斉明紀の蝦夷の習俗に関する記述は七世紀段階における一定の現実的根拠をもった蝦夷観を示すと判断される。八世紀以降になってさらに蝦夷との接触の機会がふえても蝦夷観の観念的性格は決してなくならないが、実際の経験から蝦夷観がより現実性を帯びてくるという側面があった。たとえば『続日本紀』天応元年（七八一）六月戊子朔条に「彼《か》の夷俘《いふ》の性《さが》と為ること、蜂のごとくに屯《むらが》り、蟻のごとくに聚《あつま》りて、首《もと》として乱階《らんかい》（乱のおこるもと）を為す。攻むれば則ち山藪《さんそう》に奔《はし》り逆《しりぞ》き、放《ゆる》せば則ち城塞《じやうさい》を侵し掠《かす》む」とあるのは、たび重なる蝦夷との戦闘経験にもとづいた蝦夷認識とみてよい。蝦夷を〝野性獣心〟のもち主とする観念的蝦夷観をベースにしつつも、その戦闘能力の高さを具体的に語っている点にこの段階の現実的根拠をもった蝦夷認識をみることができる。

また『類聚三代格』延暦六年（七八七）正月二十一日官符には、「無知の百姓、憲章を畏れず、此の国家の貨を売り、彼の夷俘の物を買ふ。綿は既に賊に襖冑《あうちう》を着せ、鉄は亦《ま》た敵に農器を造らしむ」と、具体的に百姓と蝦夷との交易のようすが語られているが、ここに「鉄は亦た敵の農器を造る」とあるように、蝦夷は農耕を知らない狩猟民であるといいつづけてきた古代国家みずからが、少なくとも八世紀末の段階には蝦夷政策上、蝦夷が農業をおこなっていることをはっきり認めていたことが知られる。以上の文献史料の検討から、蝦夷は広く農耕をおこなっていたと同時に、狩猟を生業とする人びとも確かにいたし、政府軍を苦しめるほどの高い戦闘能力をもっていたということを、とりあえず蝦夷の実態として指摘できよう。

このように蝦夷を異俗・異相の化外《けがい》の民《たみ》とする蝦夷認識は、古代国家のイデオロギーとしての観念的性格を依然として保持しつつも、蝦夷とのたえざる接触によってより現実的なものへと変容していった。古代国家の蝦夷観は、政治的意図から倭人と異質な部分をかなりの程度誇張したものではあるが、もう一方では蝦夷の実際の存在形態を部分的に反映しているのである。同様に、文献史料の蝦夷に関する記事も、観念的蝦夷観にもとづくイデオロギー的色彩のつよい記述が随所にみられるとはいえ、右にもみたように蝦夷との戦闘や蝦夷支配にかかわる記事は、一般に実録性が比較的高いとみてよいと思われる。したがって蝦夷に関する文献史料は、さまざまな限界をもちながらも蝦夷社会の実像を部分的には確かに伝えており、古代蝦夷の実体解明に一定の有効性をもっている、ということを改めて確認しておきたい。

蝦夷論と考古資料

考古資料の有効性と限界

近年の考古学的な調査、研究の進展はめざましいばかりであるが、東北地方もその例外ではない。なかでも古代における東北地方と南北両世界、とくに関東や北海道との盛んな交流のようすが明らかになってきたことや、東国から宮城県域などの東北中部への集団移民がどうやら大化改新以前にまでさかのぼるらしいことが知られるようになったことは、蝦夷文化の成り立ちや蝦夷と古代王権との関係についての既存の見解に再考を迫るものといってよいであろう。これらの成果は単に発掘調査例の増加という要因のみによるのではなく、土器の形式学的研究が進展して、その相対的年代や地域差がより詳細に知られるようになったことが大きく作用していると思われる。土器は地域間の交流を解明するうえでも大きな武器となるのである。こういった考古学的成果を十分にふまえることなしには、新たな蝦夷論を構築することはまったく不可能であるといってよい。

しかしながら、考古資料といえども万能ではない。発掘調査によって検出される遺構は、地中に痕跡をとどめる建物や塀・井戸・溝・土壙《どこう》・道路・墳墓などの構築物の基底部分のみにかぎられる。したがって平地式住居など、地中に痕跡をとどめにくい構築物は遺構としての検出がむずかしいし、構築物の地上部分は、部材などが残っていないかぎり、基本的に推定の域を出ない。遺物にしても、紙・衣服・木製品などの有機物は腐朽《ふきゅう》しやすく、特殊な条件のもと以外では残存しないのがふつうである。

また無機物でも、金属製品は再利用されることが多く、そのうえ鉄製品はさびやすいので、残存するのは墳墓に副葬された場合など、全体の一部に限られる。したがって遺物としては、無機物のなかでも石器や土器・瓦などが大半を占めることになる。このような限られた遺構・遺物から、精神文化をも含んだ文化内容や社会構造の全体像を復原することに多くの困難がともなうことは容易に想像がつく。

考古学の立場から古代蝦夷の研究をしようとする場合にまず問題となるのは、「蝦夷」概念自体がさきほどみたように政治的イデオロギーとしての性格を顕著にもったものなので、考古資料のみによってその成立を究明することは、事実上不可能といってよいことである。「蝦夷」概念それ自体は、基本的に文献史料による研究テーマなのである。ただし、そのような政治的観念の背後にある文化的・社会的実態は、考古資料なしにはとうてい解明しえないことも確かである。また蝦夷支配のための制度や蝦夷との戦闘の実相なども、基本的に文献史料が主体となる分野であるといってよい。

このように古代蝦夷の研究にかぎらず、歴史研究一般において、文献史学と考古学では、それぞれの史・資料を通してさしあたって認識できることが、おのおのの史・資料の性格に規定されて大きく異なっているのである。要するに、文献史学にも、考古学にも、研究資料と研究方法に規定された限界が厳然として存在しているということである。

したがって――これは自己批判もこめていうのであるが――自己の属する学問分野の方法をもってしては認識しにくいことに否定的だったり、無関心であっては、いつまでたっても研究対象の全体像を正当に把握することは不可能であるといってよい。蝦夷研究の分野においても、古代史・考古学両分野の研究成果は、基本的に相互補完の関係にあることを十分に認識すべきで、両分野の研究者はたがいに相手の研究成果に関心をもち、尊重しながら研究を進めていくことが求められよう。

稲作農耕の浸透度と蝦夷文化論

戦後、伊東信雄氏らの努力により、水稲農耕《すいとうのうこう》をともなう弥生文化が本州最北の津軽地方にまで伝播《でんぱ》していたことが証明され、東北地方北部の古代人といえども決して稲作と無縁でなかったことがひろく知られるようになった。このことは古代の東北地方の住民である蝦夷（エミシ）のとらえ方にも大きな影響を及ぼすことになる。蝦夷は文化的にも人種的にも、より南に住む一般の日本人と何ら異ならず、ただ〝まつろわぬ人びと〟であったために中央政府からことさらに野蛮視され、差別されたにすぎないのだという、いわゆる辺民説（あるいは蝦夷非アイヌ説）が優勢となっていくのである。

ところがその後、調査が進展してくると意外なことがわかってきた。それは弥生時代後期の天王山式の時期以降、東北北部では逆に遺跡数が激減し、稲作の痕跡が見いだしがたくなるという事実である。しかも集落遺跡は皆無に近く、大半が土壙や土壙墓《どこうぼ》のみの遺跡か、まったく遺構をともなわない遺跡なのである。この傾向はつぎの古墳時代にも受け継がれ、六世紀代まで東北北部では遺跡数が極端に少ない時期がつづいていく。同時期の東北南部以南の弥生・古墳文化圏とは明らかに異なる文化領域を構成するようになるといってよい状況である。

実はこの時期、東北地方北部には北海道の続縄文文化が盛んに南下してきていた。東北北部と北海道は、縄文時代以来、たえず交流があったが、両地域の関係は時期により交流の疎密や方向に相違があった。天王山式期以降のしばらくの間は、両地域の交流がにわかに密になると同時に南向きのベクトルが優勢になる時期にあたっているのである。

三〜六世紀にかけて、東北北部に北の続縄文文化がひろがっていたことは、土器や土壙墓、黒曜石《こくようせき》製の石器などからたどることができる。北海道の道央部で続縄文時代後半に展開した土器様式を後北《こうほく》式といい、後北A・B・C_1・C_2－D式と変遷するが、C_2－D式期にその分布圏を急速に全道へと拡大していく。道南部ではそれまで恵山《えさん》式とよばれる土器形式が展開していたが、後北C_2－D式の波及とともに消滅する。そして後北C_2－D式は津軽海峡を渡って東北北部へと伝播してくるのである（三二ページ図2頁参照）。

近年、東北北部では三〜四世紀にかけての後北C_2－D式期とそれにつづく五〜六世紀の北大式期の続縄文文化系統の土壙墓の発見が相ついでいる。青森県天間林《てんまばやし》村森ケ沢遺跡（図1）、岩手県盛岡市永福寺山《えいふくじやま》遺跡、秋田県能代《のしろ》市寒川《さむかわ》Ⅱ遺跡、横手市田久保下《たくぼした》遺跡などが代表的なものである。

土壙墓というのは、読んで字のごとく土壙（地面に掘った穴）に遺体を埋葬する墓であるから、時代と地域を超えて、地球上におそらくもっとも普遍的に見られる埋葬施設であろうが、この時期の東北北部の土壙墓は北海道のそれの系譜をひくものであることが、考古学的にみて明らかである。というのは、これらの土壙墓は長軸が一〜二メートルほどの楕円《だえん》形を呈するが、墓壙の大きさから多くは屈葬《くっそう》形態をとったとみられ、また長軸方向の底面に一対の柱穴が設けられていたり、側壁に土器を副葬するための袋状のピット（小穴）があることが少なくなく、またしばしば大量の黒曜石片の副葬がみられる。これらの特徴が同時期の北海道の土壙墓と共通するので、続縄文文化に特有の土壙墓であることがわかるのである。宮城県北部の岩出山《いわでやま》町木戸《きど》脇裏《わきうら》遺跡でも北大式期の土壙墓がみつかっているので、続縄文文化の墓制の南限は宮城県北部にまで及んでいたことになる。

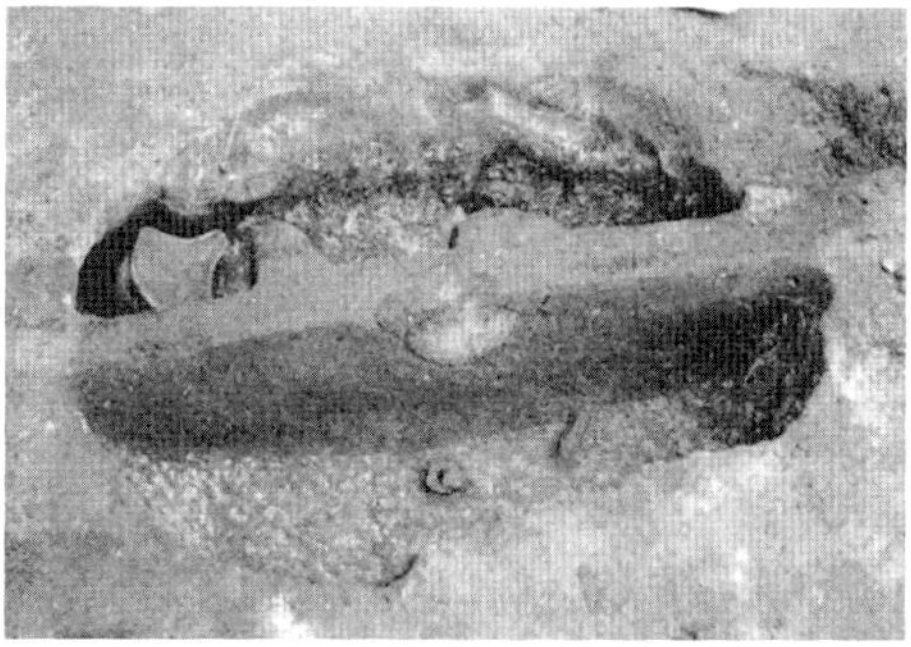

図１　森ケ沢遺跡の土壙墓（国立歴史民俗博物館提供）

　続縄文文化は、縄文文化の流れをひく文化とみられるので、狩猟・採集を基本とする文化とみてよいと思われる。もちろん縄文文化そのままの段階にとどまっていたというわけでは決してなく、とくに続縄文末期の北大式の時期にはすでに鉄器文化の段階になっていたことが指摘されているし、森ケ沢遺跡では墓壙内におかれていた土器の内部からソバの花粉が検出されていて、畑作農耕も一定程度おこなわれていた可能性がある。そうではあっても、生活の基本が狩猟・採集、さらに漁撈《ぎょろう》などにおかれていたことは否定しがたいであろう。

北海道を起源とする続縄文土器や土壙墓の本州への広がりという現象からみれば、この時期、北海道から続縄文人が一定数東北に移住してきたことは間違いない。そのとき東北北部では何が起こったのだろうか。東北北部の弥生文化を受け入れた人びとは南へと駆逐《くちく》されてしまったのかも知れないし、一部は農耕をすてながらもとどまって新来の続縄文人と闘争あるいは共存をしながら新しい社会を作っていったのかも知れないが、その実態の解明は今後の研究に委ねられる部分が多い。変化の最大の原因としては気候の冷涼化ということが考えられている。

三〜六世紀の東北北部には狩猟・採集を主たる生業とする人びとが住んでいたということは、ほかにもいくつかの考古学的根拠によって裏づけることが可能である。まず注目されるのは、とくに三〜四世紀の東北北部では、同時期の北海道と同じように集落遺跡がほとんど発見されず、竪穴住居は皆無といってよい状況が判明してきたことである。これは、単に人口の減少ということを示すのではなく、この地域の人びとが短期間で移動をくりかえし、簡単な平地式の住居、あるいはテントなどで生活していたためではないかという興味深い解釈もある（石井淳「北日本における後北C_2－D式期の集団様相」『物質文化』六三、一九九七年)。

いずれにしても、当時の東北北部の住民は竪穴住居を営むという習慣をもたず、考古学的に痕跡を検出しにくい居住形態をとっていたのである。また続縄文土器を出土する遺跡は、奥羽《おうう》山脈や北上《きたがみ》山地などの山沿いの丘陵地の先端部に立地することが多い。四世紀末以降、東北北部でも北上川中流域など限られた地域に土師器《はじき》を主体とした集落遺跡が少数ながら出現するが、それらとは明らかに異なる立地を示すことが指摘されている(高橋信雄「岩手の古代集落―竪穴住居址の集計にみる問題―」『日高見国―菊池啓治郎学兄還暦記念論集―』菊池啓治郎学兄還暦記念会、一九八五年)。これは続縄文土器を出土する遺跡が土師器を主体とする集落遺跡とは異なる生業を基盤としていたことをつよく示唆するものであろう。

さらに、続縄文文化に特徴的な石器として黒曜石製のスクレイパー(掻器《そうき》)を主体とした石器があげられる。皮革加工の皮なめしに用いられたとみられ、北海道および東北北部各地の遺跡から出土するが、とくに古墳文化圏と続縄文文化圏の境界にあたる宮城県の大崎平野北辺部の遺跡(古川市名生館《みょうだて》遺跡、加美《かみ》町壇《だん》の越《こし》遺跡、岩出山町木戸脇裏遺跡など)で大量に出土することが注目される。この地域の加美町湯の倉が黒曜石の石材の原産地として知られており、その石材が東北北部などの各地で広く用いられた(高橋誠明・吉谷昭彦

「宮城県における続縄文系石器の意義と石材の原産地同定」『宮城考古学』三、二〇〇一年)。古墳文化圏の人びととは異なる居住形態や集落の立地に、このような獣皮の加工に用いられる特徴的な石器の存在を重ね合わせると、後北C_2-D式や北大I式の担い手は、狩猟・採集を主たる生業とする人びとであった可能性が高いと思われる。

　蝦夷の存在は歴史的には六世紀以降のことに属するとはいえ、三〜六世紀における続縄文文化の南下と東北北部の住民の〝農耕離れ〟という現象が明らかになると、当然、それ

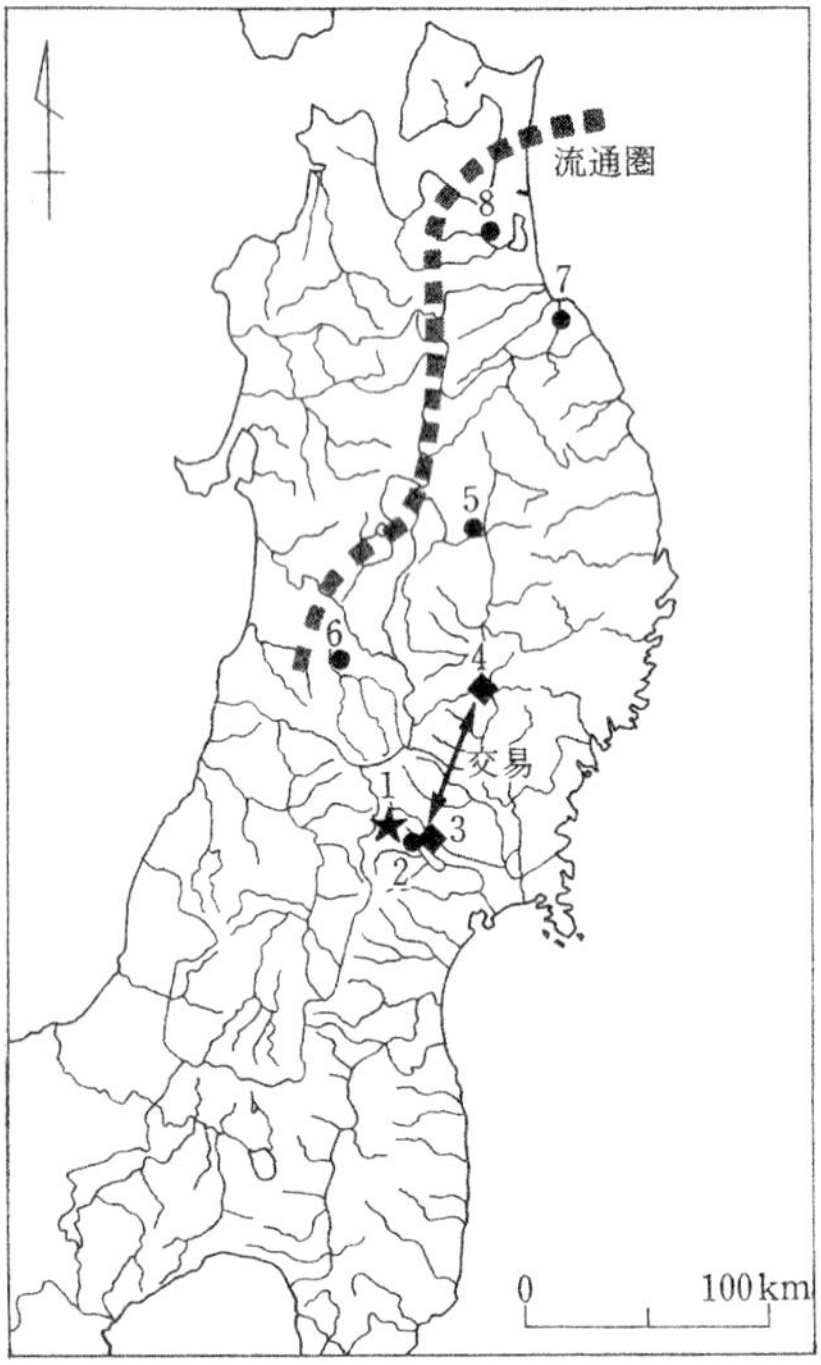

1. 原産地湯の倉
2. 壇の越遺跡
3. 名生館遺跡
4. 中半入遺跡
5. 仁沢瀬Ⅱ遺跡
6. 田久保下遺跡
7. 田向冷水遺跡
8. 森ケ沢遺跡

図2　湯の倉産黒曜石流通・交易想定図
(高橋誠明・吉谷昭彦「宮城県における続縄文系石器の意義と石材の原産地同定」『宮城考古学』3号より)

は蝦夷辺民説（非アイヌ説）の見直しという動きを生み出すことになる。工藤雅樹氏が、蝦夷の文化には北海道的な要素と畿内的な要素の双方があり、前者の面を強調したのが蝦夷アイヌ説であり、後者の面を強調したのが非アイヌ説（辺民説）であった、と論じて両説の止揚《しよう》をはかった（「蝦夷アイヌ説と非アイヌ説」『蝦夷と東北古代史』吉川弘文館、一九九八年、初出一九八三年）ことや、石上英一氏が「蝦夷・隼人らは、形質・風貌・居住・生業・習俗といった人類学的・民族学的な示差的特徴を基礎とはするが、一方でそれらの特徴を誇張しあるいは倭人＝日本人との共通性を隠蔽して、政治的な意図の下に設定・編成・維持された民族集団である」と論じた（「古代東アジア地域と日本」『日本の社会史』一、岩波書店、一九八七年）ことは、そのような新しい蝦夷論の方向性を示すものであった。かつて優勢であった辺民説は、現在ではもはやそのままの形では成立しえなくなっているのである。

蝦夷研究における狩猟の問題

弥生時代において稲作農耕が本州の最北端にまで伝播していたということは、東北地方を後進地域とする通念を打破するのに十分なインパクトをもつ衝撃的な事実であった。しかしいまにして思うと、このことがかえってその後の蝦夷研究に一定の枠をはめることになったように思われる。弥生時代における稲作の北進という考古学的事実は、蝦夷＝辺民説を通説の地位に押し上げることになった。『日本書紀』をはじめとする文献史料における蝦夷の習俗にかかわる記述は、華夷《かい》思想を継受した古代貴族の観念的思考の産物、あるいは漢籍などによる潤色とみなされ、顧みられることは少なくなった。筆者が大学で古代史を学びはじめた一九七〇年代ごろ、筆者の周囲では蝦夷を狩猟民とみなす見方を〝古い歴史観〟として忌み嫌《いきら》う雰囲気が非常につよくあり、筆者もそのような見方に少なからぬ影響を受けた一人であった。

しかしこのような歴史観は、現時点からみると二つの点で誤っていたと思われる。一つは、弥生時代における稲作の北進というのは事実の一面にすぎないということである。新野直吉氏がはやくから〝斑状《まだらじょう》文化論〟を唱えたように（『古代東北の開拓』塙書房、一九六九年、一五ページ以下）、東北北部では稲作の伝播後も伝統的な狩猟・採集が広汎に残存していたとみるべきであるし、既述のように三世紀以降は続縄文文化の南下ということがあり、逆に稲作農耕はほとんど姿を消してしまうのである。したがって東北地方における稲作と狩猟の相剋《そうこく》の問題は、先進・後進という歴史の進歩の問題に還元すべきではなく、基本的には自然環境への適応の問題として考察されるべきであろう。筆者には、蝦夷を狩猟民とみなすことを〝古い歴史観〟と断じてきた見方こそが、もはや〝古い歴史観〟になりつつあるように思われるのである。

この歴史観のもう一つの誤りは、蝦夷を狩猟民とみなす見方を〝古い歴史観〟として排《はい》斥《せき》したところから、文献にみえる蝦夷の狩猟に関する記述を正面から取り上げてこなかったことである。しかし蝦夷と狩猟の結びつきは、前節で検討を加えたように、景行紀のようなまったく観念的な記述にみられるだけでなく、「伊吉連博徳書《いきのむらじはかとこしよ》」『通典《つてん》』のような実録的な記述にも登場することも事実であるから、すべてを一律に〝造作〟〝潤色〟として捨て去ることはできないと思われる。文献史料には蝦夷の実態の解明につながる記述が少なからず含まれているのであり、古代史家がみずからその考察を放棄するべきではないであろう。

考古学の分野も、このような戦後の蝦夷研究の動向と決して無縁ではなかった。というのは、蝦夷と狩猟のかかわりの研究が低調なのは文献史学の分野に限られるわけではなく、考古学の分野でもまったく同様だからである。

近年の考古学的研究においては、蝦夷の生業として狩猟を重要視する見解はほとんどみられない。これは一つには資料的制約の問題があると思われる。さきに取り上げたように、北海道に起源する続縄文文化の遺跡からは黒曜石製のスクレイパー（掻器）とよばれる特徴的な石器が出土する。スクレイパーには、皮なめしの工程で獣皮の表面についている毛と裏面についている肉や脂肪部分の除去に使われる鋭く広い刃をもつタイプと、その後のなめし（鞣）に使われる鈍い刃のタイプのものがあるといわれている。続縄文文化の主要な生業に狩猟が含まれていたことを示す石器であるが、ちょうど蝦夷観念の成立期にあたる六世紀代にほぼ消滅してしまうことが判明している（高橋・吉谷氏、前掲「宮城県における続縄文系石器の意義と石材の原産地同定」）。しかしながら皮なめしの作業は、肉など余分なものを削り取る刃物と脳漿《のうしょう》や油などのなめし用の媒剤があれば可能であるから、石製スクレイパーの消滅は必ずしも蝦夷が狩猟をおこなわなくなったことを意味するものではない。皮革加工の道具が鉄器に取って代わられたという想定も十分に可能と思われる。

なお、一九九八年に発見された岩手県水沢市中半入《なかはんにゅう》遺跡は、のちに取り上げるように、東北北部における古墳時代最大規模の集落遺跡であるが、ここの五世紀後半ごろの遺構から大量の黒曜石製石器が出土して注目を集めている。砕片を含めると三〇〇〇点以上にのぼり、その九五％以上が宮城県湯の倉産の石材とみられる。本遺跡内で石器の製作がおこなわれていた形跡があり、数が大量なので北方交易用の製品であったと考えられるが、遺跡内で皮革加工がおこなわれていた可能性も高いとみられている（高木晃「水沢市中半入遺跡」・佐藤良和「角塚古墳周辺の四・五世紀の様相」『第二四回岩手考古学会研究大会発表資料』二〇〇〇年）。

湯の倉にほど近い宮城県加美町壇の越遺跡、同古川市名生館遺跡などでも同じ時期の遺構から一〇〇〇点を超える黒曜石製石器が出土しており、交易用に大量生産がおこなわれていたことが想定されている。稲作農耕をおこなっていたとみられる古墳時代の大崎・胆《い》沢《さわ》地域の拠点集落で続縄文文化にともなう石器が大量に製作され、皮革加工もおこなわれていたらしいことは南北両文化の交流のあり方を具体的に示すものとして興味深い。

狩猟に不可欠な道具といえば、何といっても弓矢であるが、弓や矢柄《やがら》は有機質であるため遺物として検出されることはきわめてまれである。矢じりは、この時期は鉄鏃《てつぞく》を用いることが一般的であるが、末期古墳（終末期古墳）や竪穴住居跡などから副葬品として出土することが少なくない。ところが弓矢は重要な武器でもあったから、ただちに狩猟の道具とは認定できないという問題がある。報告書や論文などでも、多くの場合、武器として扱われているようである。

このように、黒曜石製の石器が消滅したあとの時期――すなわちまさしく蝦夷の時代ということであるが――は、考古学的遺物から狩猟を積極的に立証することは困難となるのである。たとえば岩手県内の最新の調査成果を一般向けに紹介した『いわて未来への遺産　古代・中世を歩く』（岩手日報社、二〇〇一年）では、蝦夷の生業として農耕、鉄生産・加工、銅生産・加工、馬産、漁業、窯業などがあげられているが、狩猟については項目が立てられていないし、鉄鏃は武器として取り上げられている。とくに七世紀以降の時期は、のちにくわしく取り上げるが、土師器文化《はじきぶんか》が東北北部にも本格的に浸透してきて、カマドを付設した竪穴住居も急速に広がるので、考古学的には東北北部の人びとも東北南部や関東地方と基本的に同じような生活文化を保有するようになると認識されることが一般的なようである。

しかしながら筆者は、七世紀以降の時期についても考古学的に狩猟を蝦夷の重要な生業の一つとみる余地はまだ残されているのではないかと思うようになった。最大の問題は、鉄鏃が蝦夷の狩猟の道具として認識されることがあまりないということである。このような傾向は、蝦夷と狩猟の関係を意識的に切り離してきた戦後の蝦夷研究の動向とも無関係ではないように思われる。鉄鏃は武器であるばかりでなく狩猟の道具でもあるから、ほかに確かな根拠があれば積極的に狩猟の考古学的証拠として用いるべきであると考える。また蝦夷の登場期である六世紀まで狩猟の存在を示す黒曜石製のスクレイパーが認められるということは、少なくとも初期の蝦夷にとって狩猟は主要な生業のひとつであったと考えざるをえないであろう。このことは、既述のように七世紀以降は皮なめしの道具が鉄器に取って代わられたという想定をすれば、その後も狩猟が蝦夷の重要な生業として存続することを示唆するものといってよい。

さらに重要な問題を提起するものとして、東北北部における集落の形成の問題がある。

後述するように、同じ東北北部でも太平洋側と日本海側では竪穴住居によって構成される集落の形成時期が同じではないのである。北上川中・上流域および馬淵川《まべちがわ》流域などでは、七世紀に入ると各地に集落が出現する。一方、三陸沿岸や津軽地方から山形県域にかけての日本海側では集落の形成はそれよりも遅く、おおむね八世紀以降のことに属する。しかも集落数が目に見えて増大するのは九世紀後半に入ってからといってよい（『第二四回古代城柵官衙検討会資料』〔一九九八年〕所収シンポジウム「城柵と地域社会の変容」の工藤清泰・八木光則・小松正夫・高橋学・西野修・伊藤博幸各氏の報告参照）。

ところが文献史料では日本海側の蝦夷の方がむしろはやい時期に登場する。津軽（津刈）蝦夷の初見は斉明元年（六五五）であるし、同四年にはそれに加えて齶田《あぎた》（秋田）・渟代《ぬしろ》（能代）・渡嶋《わたりしま》（北海道）の蝦夷が登場する。またさきにみたように、斉明五年に派遣された遣唐使の唐の高宗《こうそう》との問答によれば、もっとも遠い蝦夷を都加留《つかる》（津軽の蝦夷）といい、つぎを麁《あら》蝦夷（まだ服属していない、荒々しい蝦夷）、近いところに住む蝦夷を熟《にき》蝦夷（服属した、従順な蝦夷）といったというが、都加留のみが固有名詞でよばれているところからみても、津軽地方の蝦夷は当時の倭王権と一定の政治的関係を結んだ有力な蝦夷集団であったとみられる。

斉明朝にはさらに右の齶田・渟代・渡嶋の蝦夷なども服属している。また能代を例にとると、宝亀二年（七七一）六月にも渤海《ぼっかい》国使が「出羽国の賊地の野代湊《のしろのみなと》」に来航したとみえる（『続日本紀』同年六月壬午条）。「賊地」とされているので、当時も蝦夷の居住地であったとみられるが、この能代地域では九世紀前半まではほとんど集落遺跡が確認されていない。それが九世紀中葉以降、急激に多くの集落が出現するのである（『能代市史　資料編考古』能代市、一九九五年）。

このように津軽地方から山形県域にかけての東北北部の日本海側の地域では、文献史料から知られる事実と考古学的な知見とが大きく乖離《かいり》するということがある。もちろん、今後この地域で七〜八世紀の集落遺跡が新たに発見される可能性も考えられるが、すでにこれらの地域ではかなりの調査例があるので、東北北部の日本海側が太平洋側にくらべて竪穴住居によって構成される集落の形成が大幅に遅れるという事実認識が大きく変わるような事態は想定しにくいと思われる。

これが何を意味するのかということについては、これまで問題として取り上げられたこと自体ほとんどなかったと思われる。しかし、古代史分野の知見と考古学的な知見をつき合わせてみれば、ただちに大きな疑問として浮かびあがってくるはずのものである。筆者は、東北北部の日本海側の住民は七世紀以降も考古学的に検出しにくい住居に住み続けた、という可能性も考えてみる必要があるのではないかと思っている。すなわちこの地域では、太平洋側よりも続縄文文化の伝統が根強く残り、狩猟・採集を基本とした生活形態が九世紀前半ごろまでは存続したのではないか、という想定である。このような想定は、多くの考古学者には暴論と思われるかもしれないが、終章のなかの《諸国移配蝦夷からみた蝦夷文化》（一九九ページ）で具体的に検討するように、筆者は、文献史料から知られる事実をふまえれば、決して荒唐無稽な想定ではないと考えている。

そのほか、稲作農耕には適さない場所に立地する集落遺跡の存在などからも、蝦夷と狩猟の結びつきを考えることが可能である。高橋信雄氏は、七世紀代に形成された集落が、「集落から低地まで距離があったり、畑はあるが近年まで水田のなかった地域にも」所在することを指摘し、「これらの集落の生産基盤が、稲作農耕だけとは考え難い」としている（「蝦夷文化の諸相」『古代蝦夷の世界と交流』〈古代王権と交流1〉名著出版、一九九六年）。また平安期においても、盛岡市の上八木田遺跡のように、北上山地に連なる山間部に位置する集落があり、「農耕だけではない山に糧を求めた生業の可能性」が考えられている事例も存する（前掲、『第二四回古代城柵官衙検討会資料』シンポジウム「城柵と地域社会の変容」の西野修氏の報告）。

なお、最近刊行された宮城県多賀城市山王《さんのう》遺跡の八幡《はちまん》地区の報告書では、狩猟にかかわる興味深い資料が報告されている（『山王遺跡八幡地区の調査2―県道「泉―塩釜線」関連調査報告書Ⅳ―』〈宮城県文化財調査報告書第一八六集〉二〇〇一年）。山王遺跡は、平安初期の九世紀初頭以降、多賀城外の町並みが形成されることで注目を集めているが、ここは古墳時代中期からほぼ継続して営まれた大規模な集落遺跡でもあることがしだいに判明してきた（《古墳時代の拠点集落と地域間ネットワーク》七七ページ参照）。その古墳時代の集落のなかを流れていた河川跡ＳＤ二〇五〇Ｂ（八一ページ図9参照）の古墳時代後期（六世紀後半〜七世紀中葉）の堆積層から、魚貝類や鳥・哺乳類など二二種類の良好な動物遺体が大量に出土したのである。この河川跡は、集落の住民にとってゴミ捨て場として利用されていたらしく、ほかにも木製品、骨角製品、植物遺体など、多種多様な有機質の遺物が検出されており、これらの資料を分析することによって古墳時代に山王遺跡で生活していた人びとの生業形態をある程度具体的に復原することが可能になった。

哺乳類の動物遺体ではニホンジカがもっとも多く、それに加えてイノシシやキツネなどの野生動物が多いが、イヌ、ウマ、ウシなどの飼育動物もみられる。野生動物は、当然、狩猟による獲物とみられ、骨の残存状況から肉・骨・脳髄・皮・角などが利用されていたことが推定されている。さらに同遺跡からは、骨角の製品や未製品、素材なども多量に出土しており、狩猟が骨角素材の獲得という意味でも重要であったことも明らかとなった。これらのことから、山王遺跡の住民にとって狩猟が重要な生業であったことが知られるが、ここからは籾殻《もみがら》も大量に出土しているので、生業の中心はやはり稲作農耕にあったと考えられている。さらにニホンジカでは、春に起こる落角およびその後に形成される袋角《ふくろづの》の状態の頭骨がみられず、秋から春にかけての状態である枯角化《こかくか》したものばかりであることから、これらは秋から春にかけての時期に捕獲されたものと推定された。また死亡季節の推定が可能なニホンジカとイノシシの当歳未満の幼個体でも、秋から翌年の春にかけての時期に捕獲された可能性が高いとみられることもあって、野生獣の捕獲は冬を中心とした農閑期におこなわれていたとみられる。

この山王遺跡の動物遺体資料から判明した知見は、蝦夷社会における狩猟の問題を考えるうえでもいくつかの重要な論点を提供してくれる。まず第一に、この地域の人びとにとって狩猟が、副次的とはいえ、重要な生業であったことが明らかとなった点である。山王遺跡のある多賀城周辺は、本来的には蝦夷の居住地に含まれる地域であり、その意味ではこれらの動物遺体は蝦夷の生業形態を示す資料ということができる。ただしこの地域は蝦夷の居住地ではその南限に近く（五〇ページ図3参照）、文化的には古墳文化圏に含まれる地域である。したがって同じ蝦夷の居住地でも、当時はまだ続縄文文化圏に含まれていた東北北部とは生業形態において大きな相違があった可能性が考えられる。端的にいって、東北北部地域の方が、当然のことながら、狩猟の重要性が高かったに違いない。したがって、この山王遺跡で出土した動物遺体は、六世紀後半~七世紀中葉に古墳文化圏の北端部に近い地域で、これまでほとんど実態が不明であった狩猟について、重要な生業のひとつであったことを明らかにした点できわめて重要である。

第二に、山王遺跡八幡地区の河川跡の出土遺物によって右の第一点が判明したのは、この河川跡の堆積層が、低湿地に形成されたスクモ層や粘土層を主体としたもので、この特殊な条件のもとで、通常であれば腐朽して消滅してしまう木製品・骨角器や動植物遺体などの大量の有機質の遺物が良好な状態で残存していたことによる。通常の遺跡ではこのような有機質の遺物は完全に消滅してしまうのが普通であるから、考古学的に狩猟の痕跡が認められない場合でも、それは必ずしも狩猟がおこなわれていなかったことを示すものではないということを意味する。

右の二点をふまえると、竪穴住居によって構成され、須恵器《すえき》・土師器は大量に出土するが、狩猟につながるような遺物はほとんど検出されない、というような通常の集落遺跡でも、狩猟をおこなっていた可能性は留保しておかなければならないことになる。とくに、本来、続縄文文化圏に含まれ、稲作農耕にとってきびしい自然環境のもとにおかれた東北北部地域においてはなおさらである。

このように、これまでの考古学的知見を狩猟との関連という観点から改めて検討してみると、蝦夷と狩猟との結びつきを示す可能性のある事象を少なからず挙示しうるように思われる。ただし全体としてみたばあい、蝦夷と狩猟との結びつきを示す徴証は文献史料の方により豊富にみられ、考古資料では比較的少ないということは否定できない。

蝦夷研究における狩猟の問題は、筆者には現在の蝦夷研究のはらんでいる問題点がもっとも集約的に表われているように思われてならない。研究史的にいえば、戦後、辺民説(非アイヌ説)が優勢となって以来、狩猟とのかかわりをタブー視してきたということがある。また史・資料のレベルでいうと、文献史料では中華思想的立場からする潤色をもっともこうむりやすいところであり、考古資料では関係資料が残存しにくいことに加えて、狩猟具と武器を弁別しがたいという問題などが重なって狩猟問題の研究は進展してこなかったのである。

蝦夷と狩猟とのかかわりをめぐっては、このようにさまざまなむずかしい問題が存在するが、筆者は、近年、蝦夷の生業における狩猟の重要性を十分に認識することなしには、蝦夷の社会・文化を正確に理解することは不可能なのではないかと考えるようになった。それは、改めて蝦夷関係の文献史料を検討してみると、蝦夷は、古代国家の創り出した観念のうえにおいてのみならず、実態のレベルでも倭人と異質な面をかなりもっていた人びとであることは否定しがたく、それらは総じて蝦夷の生活文化において狩猟や馬飼《うまかい》(牧馬）などの稲作農耕以外の生業が、倭人にくらべて相対的に重要性が高かったことに起因しているのではないかと思われるからである。この問題の文献史料からする検討は、《蝦夷の戦闘能力と蝦夷社会》（一七〇ページ）および《諸国移配蝦夷からみた蝦夷文化》（一九九ページ）において改めておこなうことにする。

蝦夷文化の形成

南北両世界の交流

蝦夷観念の成立時期は、さきにもふれたように六世紀代とみられるが、この時期は続縄文文化の末期にあたっている。三世紀に北海道から本州北部に続縄文文化が南下してくることをさきにみたが、実はそれはこの時期の歴史の大きなうねりの一側面にすぎない。同じ時期、南からの文化も盛んに東北北部に流入し、南下してきた続縄文文化をたえず変容させつづける。蝦夷文化は、まさにこのような南北両世界の文化の交流とたえざる変容のなかから形成されてくるのである。

古墳文化の北進と続縄文文化の変容

南の古墳文化の土器である土師器《はじき》・須恵器《すえき》は、古墳そのものの伝播《でんぱ》範囲をはるかにこえて北海道にまでおよび、続縄文土器の土師器化という大きな流れを巻き起こす。この現象は、考古学的に明確にとらえられるということもあって、続縄文文化から擦文《さつもん》文化への展開の問題、さらには蝦夷文化の評価うえでも、とくに重要な意味をもっているといってよい。

古墳文化の中心的要素である前方後円墳などの高塚古墳が継続的に造られたのは、日本海側の海岸部では信濃《しなの》川下流域の越後平野、同内陸部では米沢《よねざわ》・山形盆地までである。一方、太平洋側では宮城県の大崎平野が北限となる。これより北では高塚古墳はきわめて例外的にしか存在しない。新潟県北部の阿賀北地方に少数の古墳があり、山形県の庄内平野で古墳に使用された長持形石棺《せっかん》がみつかっているのと、岩手県胆沢《いさわ》町に最北の前方後円墳である角塚《つのづか》古墳がある程度にすぎない。ほかには、高塚古墳ではないが古墳時代の重要な墓制である横穴墓が宮城県の北部に分布していて、その北限地帯を形成していることが知られる。したがって庄内平野―北上川河口を結ぶ線より北には古墳文化本来の高塚古墳も横穴墓も伝播しなかった地域が広がっている（図3）。

ところが、同じ古墳文化の重要な要素である土師器・須恵器はこの分布範囲をはるかに超えて北方世界に流入していく。すでに三世紀の寒川《さむかわ》Ⅱ遺跡（秋田県能代《のしろ》市）では多数の後北《こうほく》C_2－D式の土器にまじって弥生時代末期の壺《つぼ》と甕《かめ》が出土していたが、四世紀代とみられる永福寺山遺跡（岩手県盛岡市）でも後北C_2－D式の土器にまじって天王山《てんのうやま》式に後続す

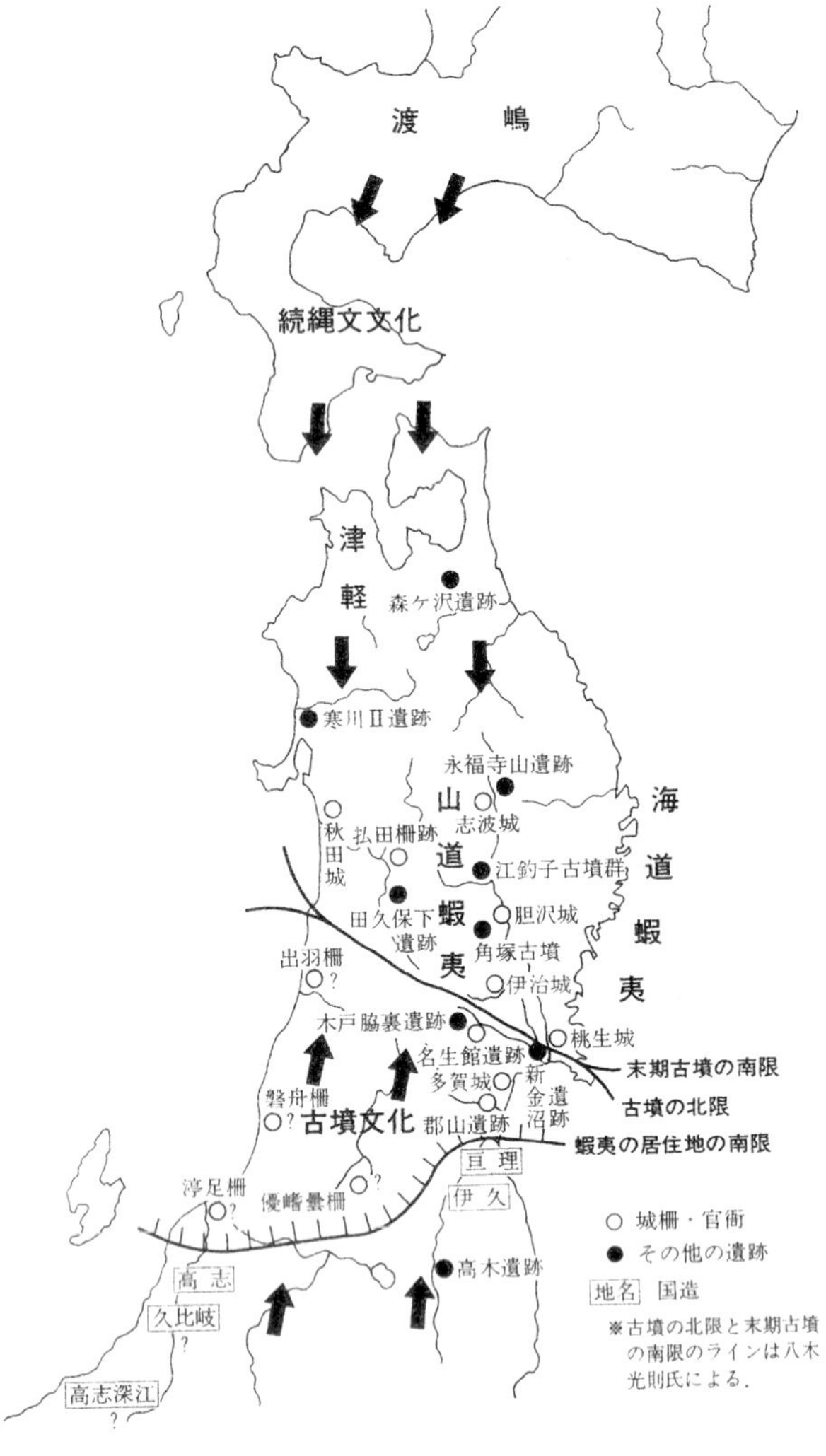

図3　続縄文文化の南下と古墳文化の北上

る弥生時代終末期の赤穴式や古式土師器の塩釜《しおがま》式と認められる土器が出土している。この傾向は北大式の時期に入るとさらに顕著となり、五世紀の森ケ沢遺跡（青森県天間林《てんまばやし》村）では北大式の甕《かめ》や片口《かたくち》とともに土師器・須恵器が出土しており、両者の比率はほぼ半々となる。ほぼ同じ時期とみられる木戸脇裏《きどわきうら》遺跡では大量の土師器にまじって初期須恵器片や数片の北大式土器が出土するという状況である。さらに六世紀代の田久保下《たくぼした》遺跡（秋田県横手市）になると、八基の土壙墓《どこうぼ》に副葬された土器はいっそう土師器化が進み、甕には北大式の特徴が残るが、土師器の範疇に含めることも可能な形態になっている。

このように三～六世紀の東北北部に広がった続縄文系統の土壙墓においては、当初の後北C_2－D式期から続縄文系統の土器とともに南方の弥生土器・古式土師器の副葬がみられる。北大式期になると、北部の森ケ沢遺跡では両系統の土器は拮抗《きっこう》状態といってよいが、続縄文文化圏の南限に位置する木戸脇裏遺跡では完全に土師器・須恵器が主体を占める。さらに六世紀の田久保下遺跡では、続縄文系の墓制を保ちながらも、副葬される土器は土師器化が著しい。

阿部義平氏の総括によれば、東北北部の後北C_2－D式の文化は在地の弥生後期～古墳前期の文化と併存し、土器セットとしても各々が自立していたが、北大式の段階になると甕と片口土器に器種が限られるようになり、それ以外の器種は必要に応じて南方で作られた土師器や須恵器を受け入れて、組み合わせて土器セットを構成するようになるという（『蝦夷と倭人』〈日本史のなかの考古学〉青木書店、一九九九年）。しかも土師器の製作技法も北大式土器の製作にとりいれられて急速に土師器化した土器に転化していくことも知られてきた。さらに六世紀代には、田久保下遺跡の状況からもうかがわれるように、土師器化はいっそう進行して北大式土器はほぼ姿を消してしまうことになる。五～六世紀の東北北部の人びとは、伝統的な墓制を保持しつつも土師器文化をいちはやく摂取して、自らの生活文化を大きく変革しはじめていたのである。

このような東北北部の続縄文社会における土器の急速な土師器化は、北海道をも巻き込んでいく。北大式はⅠ式からⅢ式までに型式分類するのが一般的である（東北ではⅡ・Ⅲ式は不明確）。大沼忠春氏は北大Ⅲ式とみなされてきた北海道の土器形式を十勝茂寄《とかちもよろ》式土器と呼んで六世紀という年代を与え、擦文土器の最初の土器形式とみなすことを提唱しているが（「北海道の古代社会と文化―七～九世紀―」『古代蝦夷の世界と交流』〈古代王権と交流1〉名著出版、一九九六年）、この北大Ⅲ式あるいは十勝茂寄式土器は続縄文土器の伝統である縄文を欠き、沈線を残すかまたはそれさえも欠くにいたったもので、わずかに残る突瘤文《つきこぶもん》がかろうじて北大式の系譜に連なる土器であることを示している。北大式にみられる土師器化が一段と進んだものといってよい。しかもこの型式の土器（甕）には土師器様の杯や須恵器がともなうことが知られている。つまり北大Ⅲ式（十勝茂寄式）はその製作技法からみても、また土器セットとしてみても、いっそう土師器化の進んだ段階の土器であることは間違いないのである。

さらにその後の擦文《さつもん》土器が、続縄文文化の伝統を引き継ぎつつも土師器文化のつよい影響のもとに成立することは、衆目の一致するところである。菊池徹夫氏が「擦文土器は器形や整形法において〝父なる〟土師器の伝統を示し、一方、独特の直線的な平行沈線や幾何学的刻線文には〝母なる〟続縄文土器、とりわけ江別式系土器の面影を色濃く留めている」（「擦文文化研究の現状と課題」『北方考古学の研究』〈人類史叢書1〉六興出版、一九八四年、初出は一九八三年）といい、横山英介氏が「極言すれば、擦文土器は土師器である。ただ、これ〔＝横走沈線が施文される甕〕とともに土器群をなすもう一方の土器、刻線文の土器は、その独特な特徴からみて、土師器と呼ばないわけだから、そうなると、擦文文化の土器には、土師器・刻線文土器・須恵器の三者がみられるということになる。須恵器は別として、広義の擦文土器とは土師器と刻線文土器とをいうのであり、後者も文様など一部の要素以外、土師器と共通する土器というわけである」（横山英介『擦文文化』〈考古学ライブラリー59〉ニュー・サイエンス社、一九九〇年、二四ページ）と述べているように、擦文土器（刻線文土器）は土師器の製作技法で作られた土器に若干の続縄文土器の系譜をひく文様を施したものともいいうる土器で、とくに擦文前期には土師器とセットで使用される点からも土師器文化のつよい影響のもとに成立したことは疑いない。

続縄文時代が終わりをつげたあと、七〜八世紀の北海道・東北北部では土師器文化の影響がいっそうつよまる。後述するように、東北北部ではカマドを付設した隅丸方形の竪穴住居が一般化し、末期古墳が造営され、稲作がふたたび北上していく。一方、北海道では、七世紀は擦文文化への移行期にあたっており、まだ続縄文文化的要素もかなり残っていた。遺構としては続縄文期以来の土壙墓が基本で、人々が煮炊きをくり返した跡である焼土遺構などが検出されるが、隅丸方形の竪穴住居はまだ受容されていない。八世紀になると、隅丸方形の竪穴住居と土師器が一般化し、また道央では北海道式古墳とよばれる本州北部の末期古墳の影響を受けた小型の円墳も出現するなど、現象的には土師器文化の影響がもっともつよまる。ところが九世紀には土器文化はかえって独自性をつよめ、土師器のハケメに相当する擦文をともなう狭義の擦文土器が出現する。そこで大まかには、擦文時代を土師器文化の影響が顕著な七・八世紀（前期）と、独自性がつよまる九世紀以降（後期）とに二分することができる。なお、三浦圭介氏はこの時期の東北北部から道央までを独自の〝土師器文化圏〟としてとらえ、「擦文土器」という用語は土師器とくらべて技法的にも独自性をつよめる九世紀以降に限定して使用すべきことを提案している（「北日本の古代文化―亀ヶ岡文化人の末裔たち―」『月刊 考古学ジャーナル』四三六、一九九八年)。このように擦文土器の概念規定に関しては、現在においても研究者の間に相当の見解のへだたりがあるが、それも擦文土器が続縄文土器の土師器化の流れのなかで生み出された土器型式で、土師器との相違が必ずしも明確でない面があることとふかくかかわっていると思われる。

ただし擦文文化について、土師器文化の影響のみを強調するのは一面的であって、もう一方では続縄文文化の伝統も脈々と息づいていたことを見逃すわけにはいかない。それを端的に示すのが擦文文化の墓制である。擦文前期においては一部で北海道式古墳が営まれるが、続縄文文化の土壙墓が基本的に継続する。墓壙が円形や楕円《だえん》形などの平面形を呈し、その周囲に柱穴をもち、壁の袋状ピットに土器が埋納され、屈葬《くつそう》形態をとる点など、いずれも続縄文後期(後北・北大式期)と共通する(越田賢一郎「七～九世紀の墓制―北海道の様相―」『蝦夷・律令国家・日本海―シンポジウムⅡ・資料集―』日本考古学協会一九九七年度秋田大会実行委員会、一九九七年)。すなわち擦文前期の北海道では、土器文化においては土師器文化の影響が顕著であるが、墓制では固有の土壙墓が継続する。同じ時期の東北北部では、のちに取り上げるように土壙墓は消滅し、あらたに末期古墳が営まれるようになるので、両地域は墓制においては明らかに様相を異にする。このことは、擦文文化の評価において二つの点で重要であると思われる。まず第一に、擦文文化は南の土師器文化のつよい影響をこうむっていることは事実であるが、まぎれもなく続縄文文化の系譜を引いた北方系の文化であるということである。擦文文化は、文化体系全体としてみれば、たとえば生業は独自性がつよいとみられるなど、続縄文文化の伝統を保持しつづけた部分も少なからずあったとみられ、擦文前期に東北北部の土師器とよく似た様相を示す北海道の土器が、九世紀以降になると独自色をつよめる要因もここに求められるであろう。第二に、擦文文化は土器や竪穴住居によって示される物質文化と、墓制に反映された精神文化では南の土師器文化の影響の度合いがかなり異なっているとみられることである（おそらく物質文化・精神文化それぞれの個々の文化要素においても、南の文化の影響は一様ではないであろう）。したがって筆者は、七～八世紀の土師器文化の影響をつよく受けた段階の北海道の文化も、積極的に擦文文化として評価する立場に賛成である。

続縄文時代後半から擦文前期にかけての北方世界における土師器化の大きなうねりは、蝦夷文化の文化内容を考えるにあたって重要な問題を提起しうると思われる。この時期、使用土器という点からみると、東北北部社会は以南の古墳社会、律令国家とほぼ一体化し、北海道もそれにきわめて近い様相を呈するのであるが、それは文化体系全体の異同とどのような関係にあったのかという問題である。土器がそれを使用する人びとの生活文化を反映するものであることは改めていうまでもないが、使用土器の類同性が生業や信仰をも含む文化全体の類同性を意味するとは限らないこともまた明らかであろう。さきにあげた擦文前期における続縄文期の墓制の継続という現象はその顕著な例である。さらに六世紀代の横手市田久保下遺跡などでも同様に、墓制自体は続縄文系の土壙墓であるのに、副葬される土器は土師器化が著しいということがある。ここでは稲作農耕地域に普遍的に存在する竪穴住居が検出されないことなどから、稲作はまだおこなわれていなかったとみるのが妥当であろう。稲作はおこなわず、竪穴住居に居住していない人びとが、土器においては稲作農耕地帯と基本的に同じ土師器・須恵器を使用していたのである。また土師器文化の浸透が顕著な擦文前期の北海道では、八世紀以降は稲作農耕地域と同じタイプのカマドをしつらえた隅丸方形の竪穴住居が一般化するが、この場合ももちろん稲作がおこなわれていたとは考えがたい。したがって土器、あるいは竪穴住居といった個々の文化要素の類同性がただちに他の文化の類同性を意味するものではない、ということに改めて注意を喚起しておきたい。この点は、考古資料のあり方から蝦夷文化の内容を考定しようとする場合に重要な問題になると思われる。要するに、この時期に顕著に現われる北方世界における土師器化現象は、基本的には土器によって代表される物質文化の分野において南の文化の影響が顕著であることを示すもので、墓制に反映されるような精神文化や、生業形態までも含んだ文化全体の同一性をただちに示すものではないということである。

このように蝦夷の成立期にあたる六世紀前後は、考古学的にいうとちょうど北海道から南下してきた続縄文文化に対して南からの古墳文化の北上という動きがあり、両文化は東北北部、さらには北海道を舞台に接触し、共存あるいは融合という現象を生み出していった。藤沢敦氏がいうように、古墳文化と続縄文文化は、決して相互に排他的で対立した関係にあったのではない。「考古資料から導き出される文化やその分布領域、あるいはその背景に存在するであろう人間集団は、相互の関係の中で、たえず交流し変容」していった（「倭の周縁における境界と相互関係」『考古学研究』四八―三、二〇〇一年）。このような南北両文化の絶えざる交流と文化変容のなかから蝦夷社会が形成されてくることを、まず十分に認識しておく必要がある。

カマド付きの竪穴住居の出現

七世紀になると、さらに大きな変化が起こる。カマドを付設した竪穴住居（図4）が東北北部でも急激に増加し、それによって構成される集落が出現するのである。

東北北部では、近年まで六世紀以前の大規模な集落は皆無といってよい状況であったが、一九九八年になって岩手県胆沢町の角塚古墳から二キロほど北方で水沢市中半入《なかはんにゅう》遺跡が発見され、この地域で最大規模の集落跡であることが判明した（『中半入遺跡・蝦夷塚古墳発掘調査報告書』〈岩手県文化振興事業団埋蔵文化財調査報告書第三八〇集〉二〇〇二年）。ここでは東北北部では例外的に四世紀後半代から集落が形成されはじめるが、五世紀後半〜六世紀前半にもっとも規模が大きくなる。この時期の遺構としては、数十棟のカマドをもつ竪穴住居に加えて、鍛冶炉《かじろ》をともなう工房跡、方形にめぐるとみられる濠跡などがみつかった。方形の濠跡は、古墳時代の各地の遺跡で見つかっている豪族居館の区画施設である可能性も指摘されている。また五世紀末〜六世紀初頭の馬の歯が出土したことも注目される。このようなことから、中半入遺跡は角塚古墳に葬られた首長の居館が所在したと同時に、その造営を支えた集落である可能性が高い。さらには、既述のように大量の黒曜石製の石器が出土しており、南北両世界の交流のあり方を具体的に示す遺跡としても重要である。また付近の水沢市面塚《おもてづか》遺跡や同西大畑《にしおおばたけ》遺跡でもこの時期の竪穴住居が数棟見つかっている。

図4　カマド付竪穴住居・志波姫町御駒堂遺跡（東北歴史博物館提供）

このように北上川中流域の胆沢地域では、近年ようやく六世紀以前の大規模集落が発見されたが、それ以外の東北北部では、六世紀代までの住居跡は極端に少ない。わずかに北上市の猫谷地《ねこやち》遺跡が五世紀代の集落遺跡として知られる程度である。それが七世紀になると、北上川中流域のみならずその上流域、さらに北方の岩手県最北部から青森県南東部にかけての馬淵川流域などでカマドを付設した竪穴住居が急速にひろがっていく（高橋氏、前掲「岩手の古代集落」、および前掲、シンポジウム「城柵と地域社会の変容」の八木・西野・伊藤各氏の報告）。

この七世紀代の東北北部の大きな変化は、南からの文化のよりいっそうの浸透を物語るが、この現象の評価をめぐって注意を要すると思われることが二つある。

その第一は、さきにもふれたが、この時期に竪穴住居の増加が顕著にみられるのは、決して東北北部全域においてではなく、岩手県南部の北上川中流域から青森県東南部の馬淵《まべち》川《がわ》流域にかけてを中心とする地域に限られるということである。同じ東北北部でも津軽から秋田・山形県域にかけての日本海側で集落が増加するのは八・九世紀になってからである。この事実をどう評価するかは未開拓のむずかしい問題であるが、既述のように、日本海側では七世紀以降も続縄文時代以来の狩猟・採集を中心とした生活形態が続いていた、という可能性も考えてみる必要があるのではないかと思われる。

第二の問題点は、カマド付きの竪穴住居の広がりという事象が稲作農耕の伝播とどの程度の相互関連があるのかという点である。既述のように、高橋信雄氏はこの時期の集落に立地からみて水稲耕作を主とした集落とみられるものと、そうとは考えがたいものとが存在することを指摘している。つまり七世紀以降の竪穴住居によって構成される集落は、そのすべてが稲作農耕を基盤とした集落とは限らないとみられるのである。このことは、稲作がおこなわれなかった北海道にまで同じタイプの竪穴住居が伝播していることからも裏づけられる。

このように七世紀以降における東北北部での竪穴住居の急激な増加は、蝦夷の文化内容を考えるのに重要な現象で、この時期以降、稲作農耕が東北北部にも急速に広がっていくことは疑いないと思われるが、一方で、続縄文的な生業形態の残存がどの程度であったかは、改めて検討してみる余地があると思われるのである。

末期古墳の形成

七世紀におけるもう一つの大きな変化は、東北北部においてそれまでの土壙墓《どこうぼ》に代わって末期古墳（終末期古墳）とよばれる小円墳が出現することである（高橋信雄「岩手県における末期古墳群の再検討」『北奥古代文化』一八、一九八七年。八木光則「東北北部の終末期古墳群」『岩手考古学』八、一九九六年など）（図5）。

東北北部の末期古墳とは、直径五～一五㍍《メートル》程度の墳丘を築き、多くの場合、周囲に馬蹄形《ばていけい》ないし円形の湟《ほり》をめぐらす円墳で、数基から多いもので一〇〇基以上群集して構築される。主体部は土壙や礫槨《れきかく》で構成され、埋葬施設には木槨《もっかく》や木棺《もっかん》が用いられた。当初は岩手

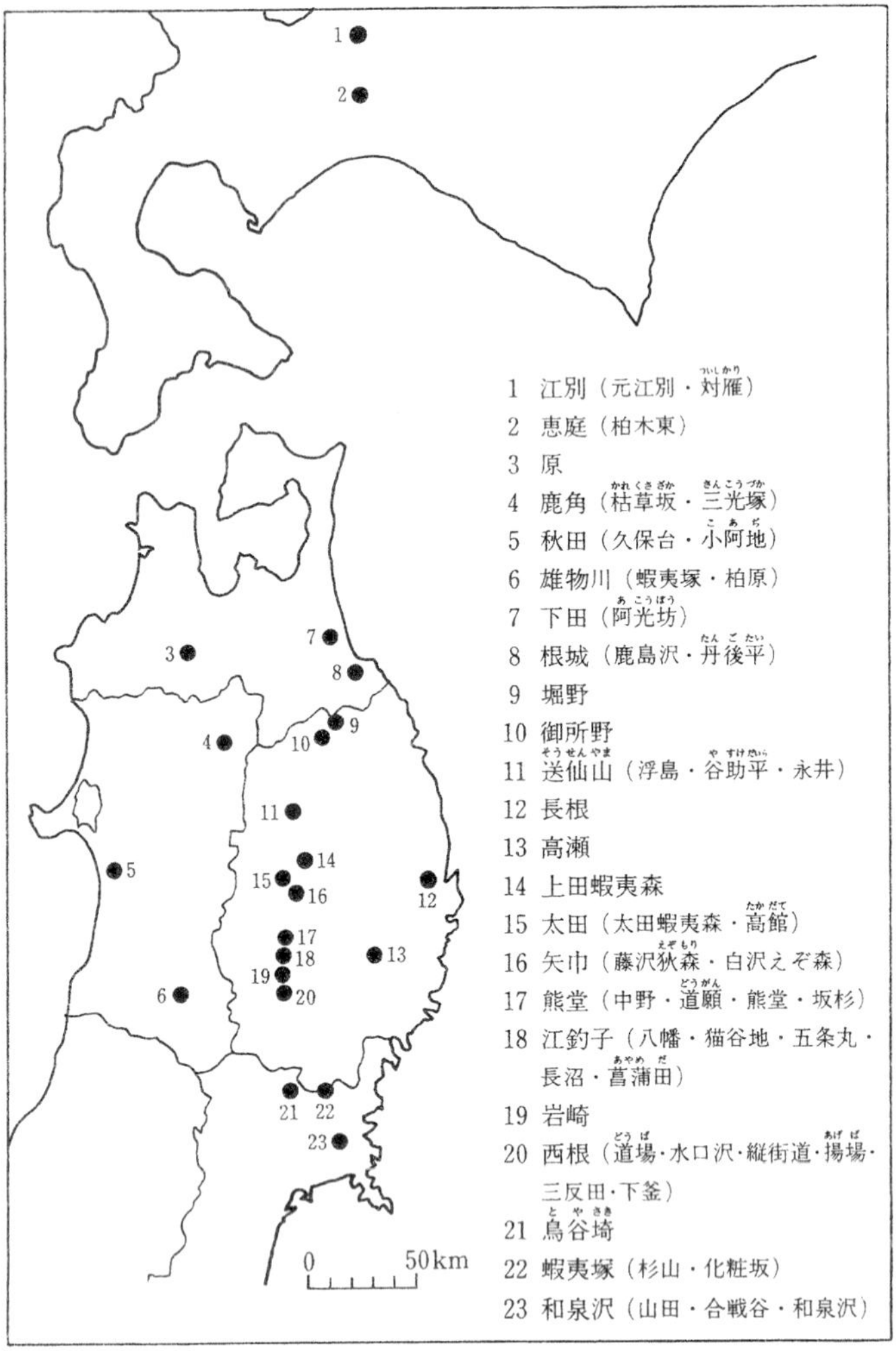

図5　末期古墳の分布図（八木光則「東北北部の終末期古墳群」『岩手考古学』8号より）

県の北上川流域を中心に、その北の馬淵川流域、さらには北上山地や三陸地域にも分布し、八世紀以降は秋田県域や津軽地方、さらには北海道の石狩低地帯にも広がっていく。また宮城県域でも、北部や北上川の流域を中心に末期古墳の存在が確認されている（図6・7）。

北上市の岩崎台地遺跡群では、続縄文期末期の土壙墓とともに七世紀初頭前後の末期古墳が七基発見された。古墳はいずれも土壙型の主体部をもつタイプであるが、土壙の短辺壁際の中央に柱穴状のピットをもつ例があり、続縄文時代の墓壙の特徴に共通する。また古墳の主体部や周辺からは大量の黒曜石製の石器が出土している。このような事実からみて、末期古墳は続縄文文化の土壙墓から発展したものであると考えられる。

一方、末期古墳には明らかに古墳文化の影響も認められる。まず小規模とはいえ、墳丘を築くことは古墳文化の影響とみられるし、土壙墓では屈葬《くっそう》が一般的であったのが、終末期古墳では伸展葬《しんてんそう》に変化することも同様であろう。

古墳の主体部は、①地面を掘り込んだ土壙型、②地面に拳大《こぶしだい》の礫《れき》を敷いた礫床《れきしょう》型、③川原石や割石を積んだ礫槨《れきかく》型の三タイプに分けられる。②は木棺などをおく箇所に礫を敷いたものとみられるが、やや特殊であるので別にすると、③は明らかに横穴式石室の影響を受けていると考えられる。また①でも、八戸市丹後平《たんごたい》古墳群などに土壙の長軸方向に張

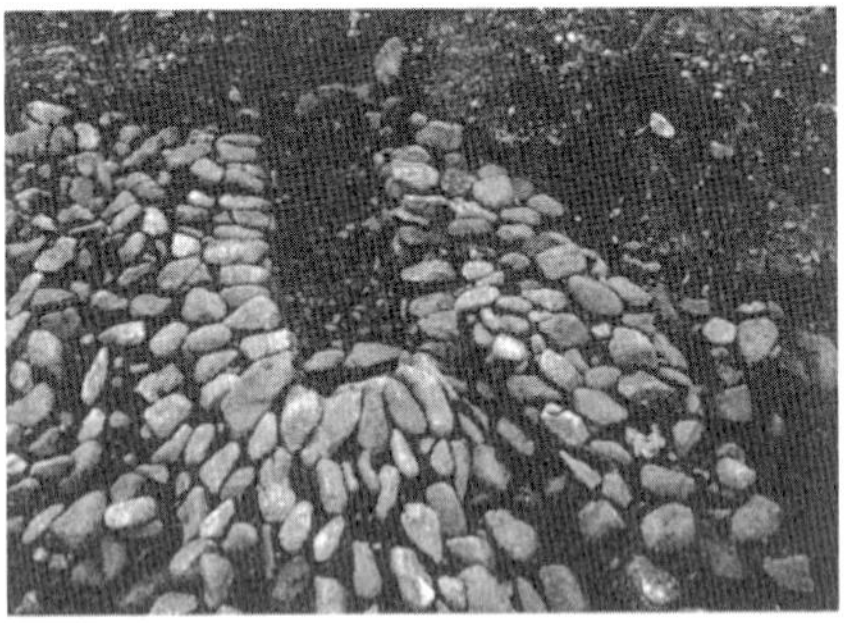

図6　花巻市熊堂古墳群
（礫槨型主体部，岩手県立博物館提供）

図7　八戸市丹後平古墳群（上）と土壙型主体部（下）（八戸市博物館提供）

り出しをもつタイプがみられるが、この張り出し部分は横穴式石室の羨道《せんどう》部分を意識したものと解される（宇部則保「丹後平古墳群」『月刊文化財』二九三号、一九八八年）。このようなことから末期古墳の主体部が古墳文化の影響をこうむっていることは明らかである。ただし横穴式石室は追葬が可能なのに、末期古墳の主体部は閉塞した構造で、追葬は不可能である。後期古墳に特徴的な追葬を受け入れず、埋葬施設を密閉してしまう点は、土壙墓の埋葬思想が形を変えながらも生きつづけていたことを示すものと思われる。また横穴式石室にみられる胴張りなどもみられないことも、重要な相違点として指摘されている。

要するに、東北北部の末期古墳は続縄文文化の墓制を基礎としながらも、古墳文化の墓制のつよい影響をうけて出現した独自の墓制とみることができると思われる。これは、三世紀から六世紀にかけて進行した土器文化における南の文化の浸透が、七世紀になって墓制の分野にもおよんできたものとみることができよう。しかし墓制の分野では、南の文化の浸透が部分的なものにとどまり、続縄文文化の伝統がよりつよく残ることになるのである。

末期古墳の副葬品でも、南北両世界の文化交流の軌跡をうかがうことができる。

八木光則氏によると、末期古墳の副葬品は七〜八世紀前半と八世紀前半以降では構成が大きく変化する（「七〜九世紀の墓制―東北北部の様相―」、前掲『蝦夷・律令国家・日本海』

所収)。まず①七～八世紀前半では、馬具、衝角《しょうかく》形冑《かぶと》、大刀《たち》、環状錫《かんじょうすず》製品(耳飾り・釧《せん》)、須恵器提瓶《ていへい》などが特徴的なものであるが、②八世紀前半以降になると蕨手刀《わらびてとう》、銙帯《かたい》金具、和同開珎《わどうかいちん》、須恵器長頸瓶《ちょうけいへい》などが主体となる。

①のうち馬具(金属製壺鐙《つぼあぶみ》、蓮弁形杏葉《ぎょうよう》、留金具、環状鏡《かがみ》板付《いたつき》轡《くつわ》など)は、六世紀後半から七世紀前半の中部・関東地方の古墳から多数出土している。また冑、大刀や大量に出土する玉類なども、いずれも古墳文化に由来する遺物である。したがって①の時期の東北北部社会は、南の古墳文化社会、それもとくに東国との結びつきがつよかったとみられ、末期古墳の成立もそのような東国社会との交流ということが重要な要因として考えられている。

ただし七世紀代の環状錫製品に関しては、古代の日本では錫が単独で装飾品に加工されることはなく、小樽市蘭島《らんしま》遺跡・余市《よいち》町天内山《あまうちやま》遺跡・同町大川遺跡など北海道の積丹《しゃこたん》半島周辺の遺跡や北上川・馬淵川流域の末期古墳から集中的に出土するので、北方系の遺物であることが指摘されている(小嶋芳孝「蝦夷とユーラシア大陸の交流」前掲『古代蝦夷の世界と交流』)。したがって錫製品の存在は、東北北部が七世紀以降も北方世界と一定の関係があったことを示すものとみられる。

一方、②の八世紀前半以降の副葬品では、まず蕨手刀が注目される。蕨手刀は、東北・

北海道に多く分布し、〝蝦夷の刀〟として周知のものであるが、蝦夷の居住地域である東北中・北部に起源があるわけではなく、七世紀後半代にまず福島・群馬・長野地方に出現すると考えられている（八木光則「蕨手刀の変遷と性格」『考古学の諸相』坂詰秀一先生還暦記念会、一九九六年）。東北北部へは八世紀前半に伝播し、九世紀まで存続する。蕨手刀は東北北部で柄《え》、さらには刀身《とうしん》に反《そ》りが加わり、幅が広くなるとみられるが、これは〝蝦夷の刀〟として使用されるようになってから「突く」から「斬る」へと機能的な変化が起こったことを示すものと解される。したがって蕨手刀を〝蝦夷の刀〟と限定的によぶのは、八木氏のいうように必ずしも正確ではないが、蝦夷社会で特異な発展をとげたことは事実である。

八世紀の前半、東国から東北地方へは柵戸《きのへ》や征夷軍《せいいぐん》の兵士としてたくさんの人びとがやってきた。東北地方へ蕨手刀をもたらしたのは、おそらく彼らであろう。蕨手刀は律令制下における東国と東北地方の密接な関連をものがたる遺物といえよう。

それに対して銙帯《かたい》金具や和同開珎《わどうかいちん》は、中央政府との関係を示すものである。銙帯とは金属や玉・石製の装飾板を取り付けた革帯《かくたい》のことで、律令制下では服制の一環として朝廷《ちょうてい》の公事《くじ》に官人が着用すべき帯が規定されていた。持統四年（六九〇）に制定された服制では冠位の上下にかかわりなく綺帯《かんはたのおび》（絹製の帯）を用いることが定められ、大宝令制にも継承されたが（『続日本紀』大宝元年三月甲午条）、慶雲四年（七〇七）にいたって革帯を着用することになった（『扶桑略記』慶雲四年三月甲子条）。養老衣服令によれば、五位以上は金銀装の腰帯、六位以下は烏油《くろつくり》（黒漆塗り）と規定されている。和銅五年（七一二）には六位以下の官人が白銅や銀で革帯を飾ることを禁じているので（『続日本紀』和銅五年五月癸酉条）、慶雲四年から着用されることになった革帯は銙帯金具が付いたものであることが知られる。この銙帯は延暦十五年（七九六）に使用を禁じられ（『日本後紀』延暦十五年十二月辛酉条）、以後は玉・石帯に切り替わっていったとみられる。したがって使用期間がほぼ八世紀の一〇〇年間に限定されるのである（伊藤玄三「末期古墳の年代について」『古代学』一四―三・四、一九六八年）。

蝦夷は朝貢《ちょうこう》や律令国家の蝦夷政策への協力など、さまざまな機会を通して位階を授与されたが、それにともなって朝服、あるいはそれに準ずるような衣服とともに銙帯を入手したのであろう。和同開珎も、このような中央政府との政治関係を通じて蝦夷社会にもたらされたものである可能性が高い。したがって銙帯金具や和同開珎の出土は、東北北部の蝦夷が律令国家と一定の政治的関係を有していたことを示すものといってよい。

八木氏は七世紀から八世紀にかけてのこのような末期古墳の副葬品の変化について、「東北北部の蝦夷がそれまでの東国との交易から、朝貢という形で直接王権と結び付いた変化である」と解している。蝦夷はすでに六世紀代から倭王権の王宮に朝貢するようになるので、王権との直接的な関係が七世紀以前にまったくなかったわけではないが、東国との交流を基軸とする関係から王権との政治関係を基軸とするあり方への変化という点は、氏の指摘の通りと思われる。また錫製品の存在に示されるように、その間、北方世界との交流も継続していたことはいうまでもない。

末期古墳の存在形態でもう一つ特徴的なことは、古墳の構成要素である墳丘の規模、内部主体の構造、副葬品の構成などに顕著な格差がみられないことである。これは政治的統合が未成熟な蝦夷社会のあり方を反映したものとみてよいであろう。

なお末期古墳は、平安時代に入ってからも、多少形を変えながら存続する。それらは、遺構としては円形の周溝《しゅうこう》として検出されることが多いので、「周溝墓《しゅうこうぼ》」とよばれることもある。末期古墳の主体部は、地面を掘りくぼめて構築されることが多いのに対して、「周溝墓」では木棺直葬などの主体部を墳丘中に築くので、墳丘が消失すると周溝だけが残るのである。このようなタイプの末期古墳は、北上川中・上流域や馬淵川流域、また日本海側では津軽地域や横手盆地など、かなり広汎な地域で発見されている（八木氏、前掲「七〜九世紀の墓制―東北北部の様相―」）。これは、東北北部の蝦夷社会が平安時代になってもなお独自の墓制を保持していたことを示すものとして注目される。

七世紀以降の東北北部において、続縄文的文化要素の残存を示すものとして注目されるものに沈線文土器《ちんせんもんどき》と片口土器《かたくちどき》がある。沈線文土器とは、土師器の長胴甕《ちょうどうかめ》の頸部・口縁部や、まれに坏《つき》・壺・甑《こしき》の体部・底部に平行あるいは鋸歯《きょし》状、格子状などの沈線を施した土器である。

続縄文的伝統の存続――沈線文土器と片口土器

東北地方では青森二三遺跡、岩手二一遺跡、秋田一五遺跡、宮城八遺跡のほか、山形でも若干例が知られているという（宇部則保「古代東北地方北部の沈線文のある土師器」『考古学ジャーナル』四六二、二〇〇〇年）。沈線文土器は土師器の全体量からみれば少量であるし、沈線を除けば一般的な在地の土師器と基本的に同じといってよい。したがって土師器の範疇に含まれる土器であることは明らかであるが、そこに施された沈線は無文である土師器の系統を引くとは考えがたい。

一方、続縄文期の北大式土器では沈線文が多用されるので、沈線文は北大式の系譜をひくものと考えられる（高橋信雄「東北地方北部の土師器と古代北海道系土器の対比」『北奥古代文化』一三、一九八二年）。ただし宇部氏が指摘しているように、東北北部では六世紀代まで土師器とともに北大式土器も併存していたし、七〜八世紀代の沈線文を施した甕の変遷は連続的で、土器の製作技法も在地のものとみられるので、両系統の文化が東北北部社会において接触するなかで沈線文が出現し、展開していったとみるのがよいように思われる。そうすると七世紀以降の東北北部社会には、続縄文土器に由来する沈線文の施文《せもん》を継続させるような文化的伝統が存在していたということになろう。

また片口土器であるが、これは縄文土器にもみられるが、北海道では続縄文期の後北《こうほく》C式において出現して北大式期に盛行し、擦文期には消滅するという。東北北部では青森県の森ケ沢遺跡で五世紀代の北大I式の片口土器が複数出土している。七世紀以降の片口土器は主として岩手県域で出土するが、宮城県でも志波姫《しわひめ》町御駒堂《おこまどう》遺跡や多賀城市山王遺跡、仙台市栗《くり》遺跡・南小泉遺跡などで出土している。この片口土器も北大式の系統に属する土器とみてまちがいない（高橋氏、前掲「東北地方北部の土師器と古代北海道系土器の対比」）。それが七世紀以降も東北北部では、数は少ないが、存続するのである。

七世紀以降の東北北部社会における続縄文的文化要素の伝統を示唆《しさ》する遺物はほかにも存在する。黒曜石製石器である。既述のように、黒曜石製の石器は続縄文文化に特徴的な石器で、基本的には続縄文文化が終わりを告げる六世紀を最後に消滅するが、一部では七世紀代の遺跡からも出土する。岩手県北上《きたがみ》市岩崎台地遺跡群では末期古墳とその周囲から四〇一点の黒曜石製石器が出土している。大半は剝片《はくへん》であるが、なかにスクレイパーが五〇点含まれる。そのほか古墳では岩手県山田町の房《ぼう》の沢《さわ》Ⅳ遺跡、集落遺跡では青森県八戸《はちのへ》市根城《ねじょう》跡、岩手県水沢市今泉遺跡、同膳性《ぜんしょう》遺跡、滝沢村高柳遺跡、同諸葛《もろくず》川遺跡などから出土しているが、いずれも剝片で点数も少ない（佐藤嘉広「東北地方―特に中・北部の古墳期の石器のあり方―」『考古学ジャーナル』四三三、一九九八年）。これらの遺跡で出土した石器は、大半は剝片であるので、実用的な道具ではなく、儀礼的な用途に供されたことが想定されている。続縄文期に盛行した石器が、形骸化した形とはいえ、七世紀以降もある程度残存することは、この時期の東北北部社会が続縄文的な伝統と無縁ではなかったことを示すものとして注意しておきたい。

独自の文化の創出――蝦夷文化

以上にみてきたように、蝦夷文化の形成期にあたる三～七世紀には、蝦夷の主要な居住地である東北北部を舞台に、南北両世界の異なる文化が盛んに接触、交流し、この地域に独自の文化が形成されてくる。それこそが蝦夷文化の中核となるものであったと考えられるのである。それは端的にいって、北方世界の続縄文文化を基本としていた人びとが南方世界の倭人文化を摂取しながら自らの生活文化を変革し、新たに創り出した文化であったといってよい。

しかし両文化の伝播、交流のあり方は決して単純ではなかった。三世紀代に続縄文文化の本州北部への南下があったのに対し、それ以降は古墳文化の北方世界への浸透という現象が優勢となるように、時期によって南北両文化の交流のあり方には変化がみられる。さらに重要なのは、個々の文化要素によって伝播のしかたが大きく異なるという点である。

おおむね、土器文化に代表される物質文化では南の倭人文化が比較的はやく摂取された。土器文化においては、南の文化は東北北部からさらに北海道にまで急速に浸透し、この地域の土器製作、さらには住民の生活文化をも大きく変容させる。ただしそのなかでも変化はまず食膳具に現われて須恵器・土師器の椀《わん》や坏《つき》、高坏《たかつき》などが用いられるようになり、煮沸用の壺などの土器の変化はそれよりも遅れた。石器が急速に鉄器に取って代わられていったことは、続縄文期の土壙墓からの鉄器の出土から知られる。ガラス玉などの装身具も比較的はやく受容された。

一方、墓制においては、古墳文化のそれが本来の形を保って伝播したのは、ほぼ東北地方中部の山形・宮城県域までで、それより北の東北北部では続縄文系統の土壙墓が、圧倒的ともいうべき土師器文化の浸透のなかでも継続して営まれた。一般的にいって、墓制や祭祀《さいし》などの精神文化とふかくかかわる文化要素においては、伝統が重んじられ新しいものは受容されにくいという傾向がある。東北北部における土壙墓の存続は、そのような事例の一つとみてよい。

しかしながら七世紀に入ると、東北北部の墓制にも大きな変化が起こる。末期古墳の出現である。末期古墳自体、北方の続縄文文化の墓制と南方の古墳文化の墓制の接触のなかから生み出された独自の墓制といってよい。しかもそれはカマド付きの竪穴住居によって構成される集落や沈線文土器などと、ほぼときを同じくして出現するのである。

こうして七世紀代の東北北部社会は、土器文化としてはほぼ完全に土師器文化圏に包摂される。またカマド付きの竪穴住居も、ほぼ太平洋側に限定されるとはいえ、急速な広がりをみせる。これらの文化要素だけを取り出せば、東北北部社会はそれ以南の社会とほぼ同質化されたことになる。しかしもう一方では、末期古墳という独自の墓制が出現し、少数ながら土師器のなかに沈線文土器が含まれ、さらには儀礼的用途に供されたとみられる黒曜石製の石器の残存も一部にみられる。このように考古資料からも、東北北部社会には、依然として一般の倭人社会にみられない文化要素が存在していることがうかがわれること に注目したい。しかし総じていうと、考古資料からみえてくる分野では、七世紀以降の東北北部社会は南の倭人文化の浸透が飛躍的に進み、続縄文文化の系譜をひく異質な文化要素はほとんどなくなるという印象を受けがちである。

考古資料によって認識しうる事実は、どうしても物質文化偏重になりがちであることは否定できないと思われる。考古資料から精神文化の内容を直接的に知りうるばあいはまれで、多くのばあい、精神文化にかかわる遺構・遺物から間接的にその背後に存在する観念体系を推測するという方法がとられる。そのようなことから考古資料は精神文化を解明する資料としては多くの限界があることは否定できない。一例をあげれば、蝦夷の信仰形態を考古資料から明らかにすることはきわめて困難である（もっとも蝦夷に関しては、文献史料もその信仰形態を伝える史料は乏しい）。すなわち考古資料にとって精神文化は苦手な分野といってよく、考古学的な研究対象は物質文化にかたよりがちになるのであるが、その物質文化は利便性のたかい先進文化によって取って代わられやすいという特質を有していることはさきにみたとおりである。

このように蝦夷の文化を研究するにあたっては、考古資料によって認識される事実は、比較的変化しやすい物質文化の分野偏重になるということを念頭におく必要がある。そういうなかで、東北北部の人びとが七世紀初頭前後に末期古墳という独特の墓制を出現させ、それが若干の変容をこうむりながら平安時代まで継続するということが知られるのは貴重である。墓制は、墳墓を営む人びとの死生観、他界観とふかくかかわるものであるから、東北北部の人びとがこのような独自の墓制を有していたということは、彼らが一般の倭人とは異なる死生観、他界観を有していたことを示すものにほかならない。この事実は、考古資料・文献史料がともにとぼしく、解明がむずかしい蝦夷の信仰一般に関しても、倭人とは異質であったことを示唆するものであろう。

考古資料が右のような特質をもっていたとすれば、蝦夷文化を総体として明らかにするためには、文献史料などほかの資料によって知ることのできる文化要素も合わせ考えて、彼らの文化の具体相をできるだけ多面的に明らかにすることが不可欠であると思われる。

一例をあげると、文献史料によれば蝦夷の話す言語は「夷語」とよばれ（『日本後紀』延暦十八年二月乙未条、『藤原保則伝』）、倭人と彼らとの対話には訳語（通訳）が介在したことが知られる（『続日本紀』養老六年四月丙戌条、『日本三代実録』元慶五年五月三日庚戌条）。山田秀三氏の研究によって、東北北部にはアイヌ語地名が濃密に分布していることが明らかにされているが（『アイヌ語地名の研究　山田秀三著作集』全四巻、草風館、一九八二～八三年。『東北・アイヌ語地名の研究』草風館、一九九三年）、このことからみて彼らの用いていた言語はアイヌ語系統のものであったとみてよいと思われる。すなわち蝦夷は、言語というもっとも基本的な文化要素において一般の倭人と明らかに異なっていたのである。この事実のもつ意味は決して小さくないであろう。さらに文献史料によれば、さきにもふれたように蝦夷の生活形態が狩猟とふかく結びついていた可能性がある。この点に関しては、《蝦夷の戦闘能力と蝦夷社会》（一七〇ページ）および《諸国移配蝦夷からみた蝦夷文化》の章（一九九ページ）で具体的に検討する。蝦夷文化に関して、南北両文化の併存とか〝ぼかし〟といわれることがあるが、このような表現はややあいまいで消極的な評価のように思われる。筆者は、蝦夷文化を異なる二つの世界の文化の主体的な摂取によって生み出された独自の文化として積極的に評価すべきであると思う。

倭王権の蝦夷政策

古墳時代の拠点集落と地域間ネットワーク

古墳時代の東北地方各地には、地域ごとに拠点的な集落が形成されてくる。続縄文文化圏と古墳文化圏という南北二つの世界の交流は、これらの拠点集落を主要な場としてくり広げられた。この時期、東北中北部から北海道にかけては、広範囲にわたって南北両世界を相互に結ぶネットワークが形成されるのである。蝦夷社会形成の背後にはこのような交流のネットワークの存在があったことが知られるようになったのは、ひとえに近年の考古学的調査の進展によっている。

最近発見された宮城県石巻市新金沼《しんかなぬま》遺跡は、旧北上川の河口にほど近い微高地上の集落で、現在まで四〇棟ほどの古墳時代前期の竪穴住居跡が検出されている。出土した土器は

図8　新金沼遺跡出土後北C_2-D式土器（石巻市教育委員会所蔵）

在地の古墳前期の土師器《はじき》である塩釜《しおがま》式が主体を占めるが、それらに混じって続縄文の後北《こうほく》C_2－D式土器、さらには関東や東海から伝来したとみられる土師器が出土して注目をあびた（図8）。四世紀代に、この集落の住民が遠く東北北部や北海道、あるいは関東・東海方面の人びとと活発に交易をくり広げていた痕跡とみられる。またこの遺跡が北上川の河口に位置していることは、南北の文化交流に占める北上川の役割を暗示している。新金沼遺跡にもたらされた南方の物資は北上川沿いのルートをさかのぼって北方世界へと運ばれていったであろうし、北方世界の物資はその逆のルートでここにもたらされたに違いない。後述する大崎平野と胆沢《いさわ》地域を結ぶ山道（のちの奥《おく》大道《だいどう》）ルートとならんで、北上川ルートは古墳時代前期から重要な役割を果たしていたのである。

古代の北方地域では、秋田城や北海道余市《よいち》町大川遺跡など、主要河川の河口やラグーンに位置する重要遺跡が少なくない。蓑島栄紀・鈴木靖民氏らはこれらをカール・ポランニーの提唱する「交易港」としてとらえるべきことを提唱しているが（蓑島栄紀「古代出羽地方の対北方交流」『古代国家と北方社会』吉川弘文館、二〇〇一年、初出は一九九五年。鈴木靖民「古代蝦夷の世界と交流」前掲『古代蝦夷の世界と交流』所収）、新金沼遺跡はそのような性格の交易センターが古墳時代前期にまでさかのぼることを示唆するものとして重要である。

五世紀後半から六世紀にかけての古墳時代中・後期には、さらに新たな拠点集落が形成されてくる。さきにみた岩手県水沢市中半入《なかはんにゅう》遺跡は、この時期の胆沢地域の拠点集落と思われるし、宮城県域では古川市名生館《みょうだて》遺跡、多賀城市山王・市川橋遺跡、仙台市南小泉遺跡、名取市清水遺跡などがそれぞれの地域の拠点集落であったとみられる。これらの集落は集落規模が大きいばかりでなく、一般集落にくらべて須恵器《すえき》の出土量が多く、また他地域から搬入されたとみられる土器や、他地域の技術で製作されたとみられる土器、さらには他地域からもたらされた交易品などが出土するという共通点がある。これらの考古学的事実からみて、この地域の古墳時代中・後期の拠点集落は、南北両世界を結ぶ交流のネットワークの結節点を構成していたと考えられる。続縄文文化の南下と古墳文化の北上、さらには両文化の混交、融合といった動きのなかから形成されてくる蝦夷文化の背景には、これらの拠点集落間に形成された地域間ネットワークがあったと考えられるのである。

中半入遺跡では、湯の倉産黒曜石《こくようせき》の大量出土などから宮城県の大崎地方、さらには北方の蝦夷社会との活発な交易が推定されている。胆沢地域は、北上川の水運と陸路の山道との合流点にあたっており、まさに地域間ネットワークの結節点といってよいと思われる。

名生館遺跡は大崎平野の北西部、江合《えあい》川右岸の丘陵末端に立地する官衙《かんが》施設を中核とした複合遺跡で、七世紀後半から十世紀初頭にかけての郡家《ぐうけ》ないし城柵遺跡とみられると同時に、近年、ここが五世紀中葉～六世紀前半の大崎平野の拠点集落でもあったことがしだいに明らかになってきている。土器は土師器を主体とするが、比較的多くの須恵器が出土している。さらに集落内で多量の黒曜石製石器を製作していることが明らかとなった（高橋誠明「角塚古墳前夜の大崎平野」『角塚古墳シンポジウム　最北の前方後円墳』胆沢町教育委員会、一九九八年）。これらの石器は北方世界向けの交易品と考えられ、それを裏づけるように、北方からの将来品とみられるコハク粒が出土している。また二〇〇一年の調査では、五世紀後半代の竪穴住居跡（ＳＩ一五七三）から大量の黒曜石製の石器とともに方割石《ほうかっせき》とよばれる石器が五点出土した。この石器は、北海道・岩手に分布し、続縄文土器や黒曜石をともなう遺跡から出土するので、やはり北方系の遺物である。

多賀城跡の南方から南西方向にかけては、自然堤防が標高五～六㍍の微高地となって東西に続いている。この微高地上に形成された山王・市川橋遺跡（以下、便宜的に単に山王遺跡という）では、近年の調査で古墳時代中期からほぼ継続して営まれた大規模な集落遺跡

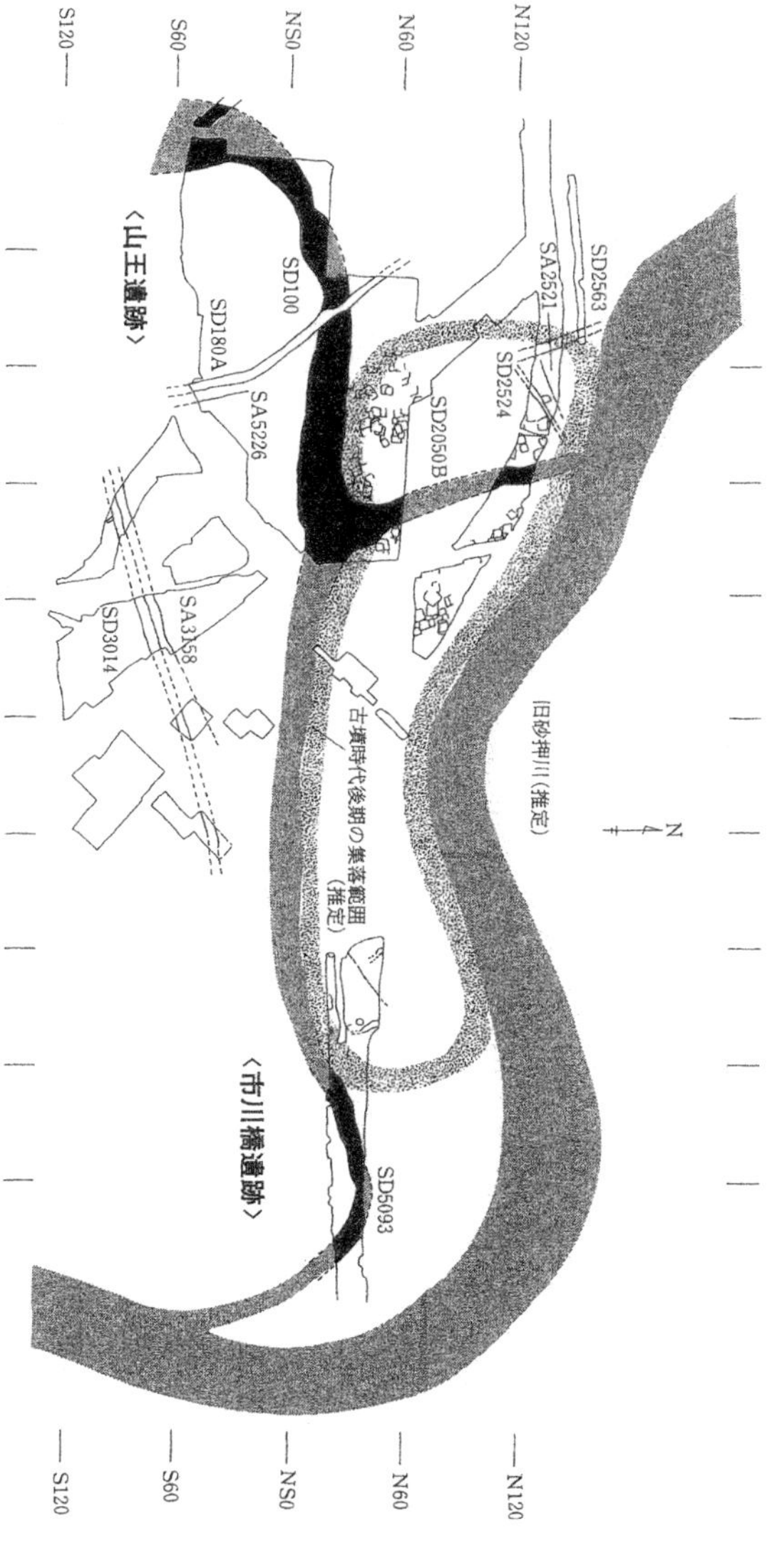

図9　6・7世紀の山王・市川橋遺跡集落模式図（村田晃一「7世紀集落研究の視点(1)」『宮城考古学』4号より）

が姿を現わしはじめている。中期の遺構としては、工房を含む多数の竪穴住居跡をはじめ、豪族居館とみられる「コ」字状の溝や祭祀遺構などが見つかっている。この時期の遺構からは後北C_2－D式土器の破片やコハク玉が出土しているし、黒曜石製石器が見つかることもめずらしくない。同遺跡の八幡地区から出土した石器の使用痕を分析したところ、皮製品の加工に用いられたことが判明した。このようなことから、山王遺跡は五世紀以降、北方世界と盛んに交易をおこなっていたばかりでなく、交易によってもたらされた獣皮の加工もおこなっていたとみられる。

仙台市南小泉遺跡でも、続縄文土器は未発見であるが、最近、古墳時代中期の住居跡から黒曜石製の石器が見つかった。南小泉遺跡は広瀬川北岸の河岸段丘に位置し、弥生時代から近世にかけて継続して営まれた一大集落遺跡である。この地域を代表する大規模集落で続縄文文化の石器が出土したことは、ここもまた交易センターであったことを示唆するもので、まことに興味深い。さらに南の名取市清水遺跡は、増田川の自然堤防上に立地する弥生中期から平安時代にかけてほぼ継続する拠点集落であるが、ここからも後北C_2－D式土器が出土している。

このように近年の発掘調査の進展によって、古墳時代の前期から中期にかけて、古墳文化圏の北縁の地であった現在の宮城県中・北部から岩手県南部の北上川中流域にかけて点在した拠点集落は、北方世界との交易センターとしての機能も兼ね備えていたことが知られるようになった。各拠点集落は、いずれも河川の近傍に位置しており、水運の利用が可能である。また仙台平野から大崎平野をへて北上盆地方面には、後世山道とよばれる幹線道路が通じていた。拠点集落は水陸の交通を介して互いに結ばれ、ネットワークを形成したとみられる。それによって南方の古墳社会と北方の続縄文社会との交易が活発におこなわれ、人びとも盛んに行き来したにちがいない。各遺跡から出土する他地域の遺物はそのことを雄弁に物語っている。

南北交流の新たな段階——関東系土器

続縄文時代が終わりを告げ、カマドを付設した竪穴住居が東北北部にも急速にひろがってくる七世紀代は、東北地方における南北両世界の交流も新たな段階をむかえる。宮城県中・北部を中心に、関東地方から搬入されたか、関東地方の技法で製作されたとみられる土師器がまとまって出土するようになるのである。いわゆる関東系土器の出現である（「関東系土器」とは、厳密には関東以外の地域で関東地方の技法で製作された土器をさすべきであるが、ここでは便宜上、関東地方から搬入されたとみられる土器も含めることにする）。

これまでも東北地方は、関東地方を含む古墳文化圏からさまざまな影響を受けてきた。東北地方から出土する土師器・須恵器などの土器や鉄器・馬具などが古墳文化の伝播によ

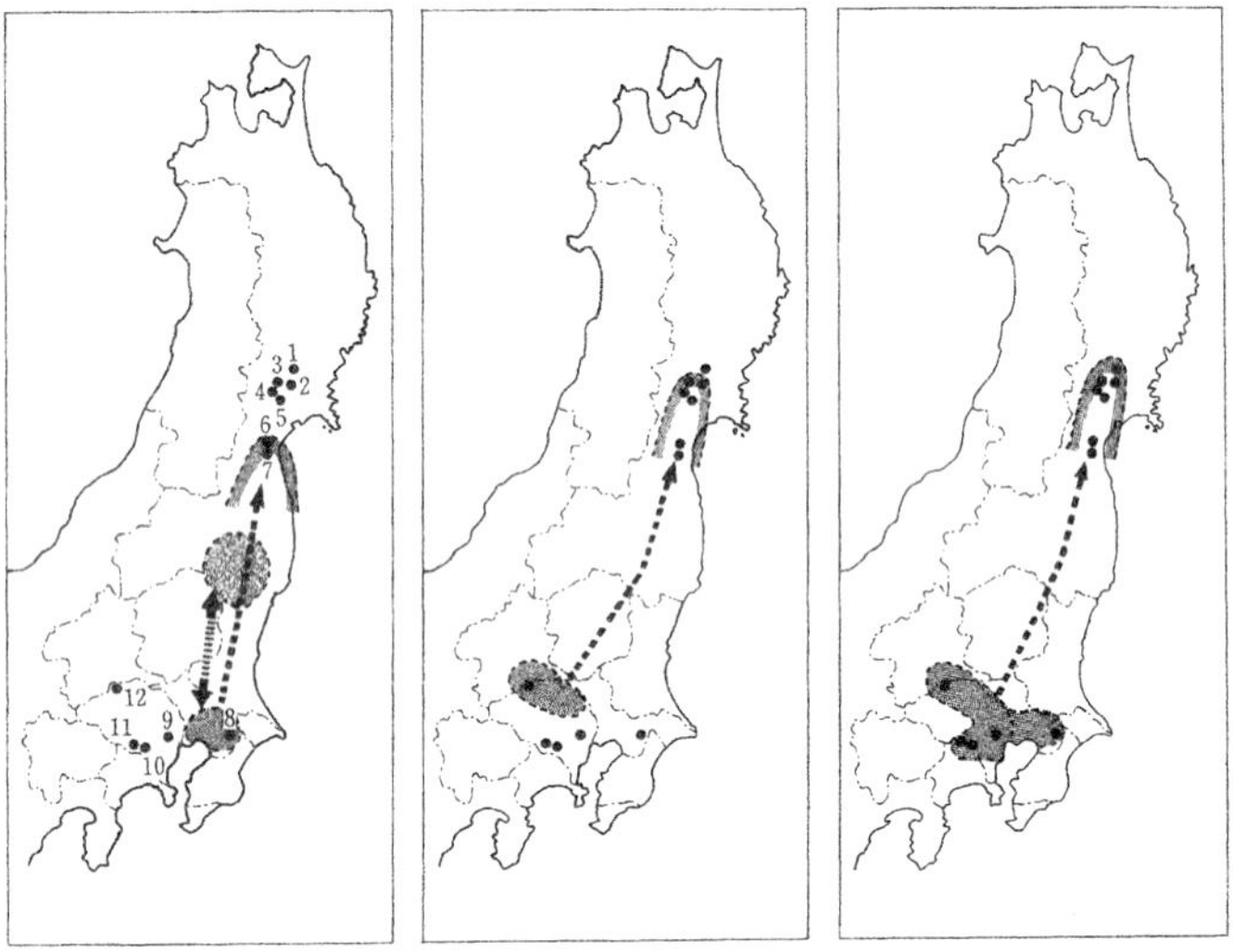

Ⅰ期
7世紀中葉

Ⅱ期
7世紀後葉から末

Ⅲ期
8世紀前半

1：御駒堂遺跡　2：日向前横穴墓群　3：名生館遺跡　4：色麻古墳群
5：青山横穴墓群　6：郡山遺跡　7：清水遺跡　8：平賀遺跡群
9：落合遺跡　10：下寺田遺跡　11：東寺方遺跡　12：立野南遺跡
・今井遺跡群・太神南遺跡

図10　土器からみた関東から東北への動き（長谷川厚「関東から東北へ—律令制成立前後の関東地方と東北地方の関係について—」桜井清彦先生古稀記念会編『21世紀への考古学』雄山閣出版，1993年より）

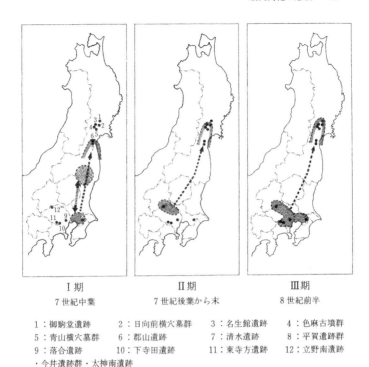

るものであることはいうまでもない。しかし、七世紀以降に宮城県域を中心に出土する関東系土器は、それらとは質的に異なる交流がはじまったことを示している。それは、関東地方から人びとが移動してくるという動きにともなう遺物だからである（図10）。

このような人びとの移動はどのような契機ではじまったのであろうか――この問題はきわめて重要と思われるにもかかわらず、明確な解答を出すことは非常にむずかしい。その理由はいくつかあるが、文献史学の立場からいえば、関東系土器と文献史料にみえる「柵戸《きのへ》《さっこ》」とがどのような関係にあるのかを見きわめることが容易でないということがまずあげられる。

関東系土器と柵戸

文献史料によれば、七世紀半ばから九世紀はじめにかけて関東地方から東北地方へ多数の移民が送られてくる（表1）。彼らは、とくに七世紀後半から八世紀半ばにかけては「柵戸」とよばれることが多く、城柵《じょうさく》を設置した地域に計画的に移配された。いわば国家の政策による計画的な移民である。関東系土器とこの柵戸は、もちろん無関係とは考えられない。しかし両者がまったくイコールでないことも、また確かである。それは、まず第一に、両者の時間的な推移が必ずしも対応しないという事実がある。文献上の柵戸は大化改新直後の七世紀中葉に初見し、九世紀初頭まで継続する。なかでも多賀城造営の少し前の八世紀初頭と桃生《ものう》・雄勝《おがち》両城と伊治《これはり》城があいついで造営される八世紀中葉から後半にか

表1　柵戸移配一覧表

年月日	事項	出典
(1) 大化三(六四七)・―・―	渟足柵を造って柵戸を置く。	書紀
(2) 大化四(六四八)・―・―	磐舟柵を造って、越と信濃の民を柵戸とする。	書紀
(3) 和銅七(七一四)・一〇・二	尾張・上野・信濃・越後国の民二〇〇戸を出羽の柵戸とする。	続紀
(4) 霊亀元(七一五)・五・三〇	相模・上総・常陸・上野・武蔵・下野六国を富民一〇〇〇戸を陸奥に移配。	続紀
(5) 霊亀二(七一六)・九・二三	信濃・上野・越前・越後四国の百姓各一〇〇戸を出羽国に配属する。	続紀
(6) 養老元(七一七)・二・二六	信濃・上野・越前・越後四国の百姓各一〇〇戸を出羽の柵戸とする。	続紀
(7) 養老三(七一九)・七・九	東海・東山・北陸三道の民二〇〇戸を出羽柵に移配する。	続紀
(8) 養老六(七二二)・八・二九	諸国司に柵戸一〇〇〇人を選定させて陸奥の鎮所に移配する。	続紀
(9) 神亀元(七二四)・二・二五	陸奥国の鎮守軍卒らを陸奥国の戸籍に付けて、家族を招くことを許可する。	続紀
(10) 天平宝字元(七五七)・四・四	無法者を陸奥国桃生・出羽国小勝に移配する。	続紀
(11) 天平宝字元(七五七)・七・一三	橘奈良麻呂の乱に連座したものを出羽国小勝村の柵戸とする。	続紀
(12) 天平宝字二(七五八)・一〇・二五	浮浪人を桃生城の柵戸とする。	続紀
(13) 天平宝字三(七五九)・七・二六	勅書を偽造した左京の人を出羽国の柵戸に移配する。	続紀
(14) 天平宝字三(七五九)・九・二七	坂東八国・越前・能登・越後の浮浪人二〇〇〇人を雄勝の柵戸とする。	続紀

(15)天平宝字四(七六〇)・三・一〇	没官の奴婢五一〇人を雄勝柵に移配して良民とする。	続紀
(16)天平宝字四(七六〇)・一〇・一七	陸奥の柵戸の父母兄弟妻子を故郷から招いてともに柵戸とすることを許す。	続紀
(17)天平宝字四(七六〇)・三・一三	ばくちで争い僧を殺害した薬師寺僧を陸奥国桃生の柵戸とする。	続紀
(18)天平宝字六(七六二)・閏一二・一三	乞索児一〇〇人を陸奥国に移配する。	続紀
(19)天平宝字七(七六三)・九・二一	母を殺した河内国丹比郡の人を出羽国小勝の柵戸とする。	続紀
(20)神護景雲元(七六七)・二・二〇	私鋳銭を作った四〇人を鋳銭部と改姓して出羽国に流す。	続紀
(21)神護景雲二(七六八)・三・一六	陸奥および他国の百姓に対して伊治・桃生への移住者を募る。	続紀
(22)神護景雲三(七六九)・正・三〇	陸奥・他国を問わず、法外の免税を行って桃生・伊治城への移住者を募る。	続紀
(23)神護景雲三(七六九)・二・一七	坂東八国において、法外の免税を行って桃生･伊治城への移住者を募る。	続紀
(24)神護景雲三(七六九)・六・一一	浮浪人二五〇〇余人を陸奥国伊治村に住まわせる。	続紀
(25)宝亀七(七七六)・一二・一四	陸奥国諸郡の百姓に対して奥郡を守る者を募る。	続紀
(26)延暦一四(七九五)・三・二六	逃亡兵士三四〇人の死罪を赦して陸奥国の柵戸とする。	紀略
(27)延暦一五(七九六)・一一・二一	相模・武蔵・上総・常陸・上野・下野・出羽・越後国の民九〇〇〇人を伊治城に移配する。	後紀
(28)延暦二一(八〇二)・正・一一	駿河・甲斐・相模・武蔵・上総・下総・常陸・信濃・上野・下野国の浪人四〇〇〇人を陸奥国胆沢城に移配する。	紀略

(注)出典　書紀――『日本書紀』、続紀――『続日本紀』、後紀――『日本後紀』、紀略――『日本紀略』

けて、さらに胆沢・志波《しわ》城が造営される九世紀初頭あたりに集中的に移配されたことがうかがわれる。ところが関東系土器は、まずその始期については、土器の年代観の問題があってまだ議論の余地を残しているが、考古学者の間では大勢としては七世紀前半にはすでに存在しているとみる方向にきており、六世紀代にまでさかのぼる可能性もとりざたされている。筆者もまた、のちに述べるように、少なくとも七世紀前半代にまでさかのぼるとみてさしつかえないのではないかと考えるようになった。そうすると、柵戸に先だって関東系土器が出現するということになる。さらに顕著な相違がみられるのはその終末である。関東系土器は、基本的には八世紀中葉で消滅し、そのピークは七世紀後半から八世紀前半の多賀城の創建（多賀城碑によれば神亀元年〈七二四〉）前後までとみられている。九世紀初頭までつづく柵戸とは大きく異なる。このように柵戸と関東系土器では、まずその始期から終末までの推移が大きく異なるということが指摘できる。

つぎにその存在形態、とくに城柵との関係についてみてみても、柵戸と関東系土器とでは大きく相違することが明らかになってきている。すなわち、文献史料にみえる柵戸は、その名が示すとおり、城柵に付属した戸（戸単位の公民）という性格をもつ。それは、柵戸の初見史料である表1の(1)に「渟足柵を造りて、柵戸を置く」とあるし、「出羽柵戸」（表1の(3)）、「雄勝柵戸」（同(14)）、「桃生柵戸」（同(17)）など、城柵名を冠してよばれる例があることなどからもうかがわれる。柵戸の移配の多寡《たか》も、基本的には城柵の造営と連動して推移している。このようなことから、柵戸とは城柵を設置した地域に国家的施策によって陸奥南部や関東・北陸地方などから移配されてきた人びとで、その役割は城柵への人員や物資の供給源となることであった（拙稿「近夷郡と城柵支配」『東北学院大学論集　歴史学・地理学』二一、一九九〇年）。

一方、この点を関東系土器についてみてみると、城柵の設置が改新直後の渟足《ぬたり》・磐舟《いわふね》両柵、そして陸奥側の仙台市郡山遺跡などにはじまるとみられるのに対し、関東系土器は、既述のように、それ以前にさかのぼる可能性が高い。また個々の施設ごとにみても、のちに具体的に述べるが、郡山遺跡、宮城県古川市名生館遺跡、矢本町赤井遺跡、大和町一里塚遺跡などの城柵・官衙《かんが》遺跡では、城柵ないし官衙の前段階に関東系土器をともない、周囲を材木塀、溝で区画された集落が営まれることが知られるようになった。さらには清水遺跡・南小泉遺跡などの拠点集落ばかりでなく、仙台市下飯田《しもいいだ》遺跡・藤田新田《ふじたしんでん》遺跡、利府《りふ》町八幡崎《はちまんざき》B遺跡などの仙台平野のいくつかの集落遺跡、さらには瀬峰《せみね》町泉谷館《いずみやだて》跡・志波《しわ》姫《ひめ》町御駒堂《おこまどう》遺跡などの宮城県北の集落遺跡や矢本《やもと》町矢本横穴古墳群・色麻《しかま》町色麻古墳群などの墳墓でも関東系土器が出土しており、少数の出土例を含めると枚挙にいとまがないほどである。このように、時期的にみても遺跡の性格からみても、関東系土器を城柵との関連の

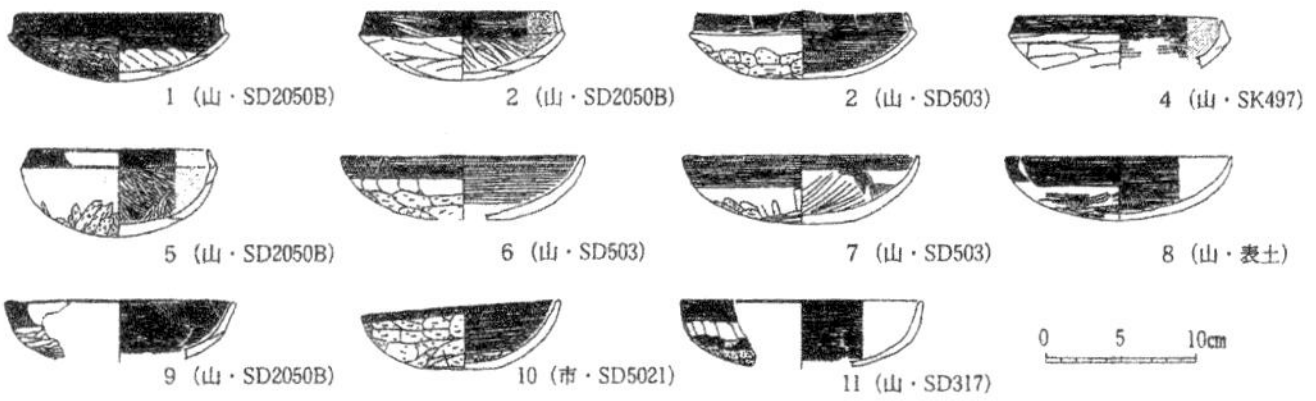

図11　山王・市川橋遺跡出土の関東系土師器（村田晃一「7世紀集落研究の視点(1)」『宮城考古学』4号より）

みからとらえることはもはや不可能になっているといってよい。

さらに加えて、関東系土器の意味を考えるにあたっては、土器固有の問題を考慮に入れる必要がある。まず、関東からの搬入品と在地で製作された関東系土器ではその意味が異なることはいうまでもない。搬入品が、基本的にヒトの移動にともなうものと考えられるのに対して、在地製作の関東系土器はヒトの移動との関係はより間接的になる。

在地で製作されたとみられる関東系土器にもいくつかの類型があることがわかってきた。胎土《たいど》やつくりが本来の関東地方の土器に非常に近いところから、関東からの移住者がみずから粘土を精選し、出身地の技法を忠実に踏襲《とうしゅう》して製作したとみられるものがある一方で、器形が関東系であってもつくりが稚拙なうえ胎土や内面の調整・仕上げの技法が在地の土師器と同じで、在地化が顕著なものもみられる（村田晃一「七世紀集落研究の視点（1）—宮城県山王遺跡・市川橋遺跡を中心として—」（『宮城考古学』四、二〇〇二年）。後者の類型をどう解釈するかはむずかしい問題を含んでいる。通常は、関東からの移住者が二世、三世と世代を経るにしたがって在地化が進み、土器製作に在地の技法が現われるようになると解釈されているようであるが、もう一方で、関東からの移住者の指導のもとで在地の住民が製作したものという想定も可能である。二つの見解のいずれをとるかによって、後者の類型の関東系土器の意味づけは大きく違ってくる。

斎野裕彦氏は、南小泉遺跡二二次調査で出土した関東系土器が、坏に代表される食膳《しょくぜん》具《ぐ》では多数を占めるにもかかわらず、甕《かめ》に代表される煮炊具《にたきぐ》では在地の土師器が主体を占めるという事実が存在することを指摘し、そうすると両系統の土器群はそれぞれが単独では器種組成（完結した土器セット）が成立しえないことに加えて、技術的にみると両系統の土器は器形や調整技術において相互に共通するものも認められるということを指摘して、「B種（=在地）の土器製作者がA種（=関東系）の製作にも関わっている」という注目すべき見解を示している（仙台市文化財調査報告書第一九二集『南小泉遺跡―第二二次・二三次発掘調査報告書―』仙台市教育委員会、一九九四年）。

また村田晃一氏も、仙台平野周辺の関東系土器を出土する遺跡では、南小泉遺跡のほかにも食膳具では関東系を主体とするのに、煮炊具では在地の土師器が大半を占める傾向のところが少なくないことに着目して、このようなケースは「坂東から土師器製作集団が来たのではなく、指導する立場の人はいたにしても関東系土師器の製作は、基本的に在地土師器生産体制の中で行なわれたと考える」と解している（村田晃一「飛鳥・奈良時代の陸奥北辺—移民の時代—」『宮城考古学』二、二〇〇〇年）。

筆者は、斎野・村田両氏が示された理解に基本的に賛成である。というのは、右のごとき器種組成の特徴的なあり方に加えて、関東系土器が柵戸移配より半世紀ほども先んじてほとんど消滅してしまうという事実も考慮に入れると、関東系土器の存在意義は土器の生産体制の問題を介在させないかぎり正当に評価できないと考えるからである。そうすると、後者の類型の関東系土器はヒトの移動と直結はしなくなるが、関東からの移住者による在地の住民の〝指導〟（その背後には政治的な〝支配〟を想定することが可能であろう）という別な問題を提起することになる。また土器に関しては、第三者によるほかの場所への二次的な移動ということも想定されるので、とくに出土量が少量の遺跡の場合は、関東系土器の出土のみを根拠に移民の存在を想定することは危険である。すでに検討がおこなわれているように、外来の土器に加えてカマドや墳墓の形態なども考慮に入れて、総合的に判定されるべきであろう。

このようにいわゆる関東系土器が関東地方からのヒトの移動にかかわる遺物であることは間違いないが、いつもヒトの移動を直接示すとは限らないし、文献上の柵戸とも必ずしも直結はしない。したがって関東系土器の出現の契機を考えるにあたっても、いちおう、城柵・官衙の設置の問題とは切り離して検討してみる必要があると思われる。

仙台平野における関東系土器の出現

関東系土器の出現の意義を考えようとすると、まず最初に問題になるのがその出現の時期である。この問題は、基本的には出現期の関東系土器の考古学的年代から導き出されるべきであるが、土器の年代観は、往々にして研究者によって見解が異なることがあり、また当然のことながら一定の幅をもつ。この場合も例外ではない。

もっとも古い形態の関東系土器は、郡山遺跡のⅠ期官衙に先行する竪穴住居から出土した土師器である（図12）。関東地方の鬼高《おにたか》式に類似する、須恵器坏を模倣した器形の土師器で、千葉県印旛沼《いんばぬま》周辺の遺跡で出土する土師器に酷似することが指摘されている（長谷

図12　郡山遺跡出土在地土師器（上）と関東系土師器（下）（仙台市教育委員会所蔵）

川厚「関東から東北へ―律令制成立前後の関東地方と東北地方の関係について―」『二十一世紀への考古学』雄山閣出版、一九九三年)。このタイプの土師器は、在地の栗囲《くりがこい》式前半期の土師器と共伴するところから、おおむね六世紀末葉から七世紀中葉にかけて継続するという年代観が与えられている。郡山遺跡のⅠ期官衙が七世紀中葉から末葉にかけて存続したとみられているので、それに先行する竪穴住居から出土していることとも矛盾しない。問題は、Ⅰ期官衙の造営時期とされる七世紀中葉と関東系土器の出現時期との時間差をどうみるかということである。

これまで関東系土器の出現時期は、郡山遺跡のⅠ期官衙の造営時に近接した時期とみる見方が一般的であった。その根拠は、Ⅰ期官衙に先行する竪穴住居を官衙の造営と関連づけて理解したことと、その後に同じタイプの関東系土器が大量に出土した、近接する南小泉遺跡の大溝で区画された集落をも郡山遺跡Ⅰ期官衙造営のための移民集落ととらえたことによる(村田氏、前掲「飛鳥・奈良時代の陸奥北辺―移民の時代―」参照)。しかし近年の関東系土器が出土する遺跡の増加をふまえると、異なる解釈も可能になりつつあるように思われる。現に、ごく最近になって長島栄一氏は、Ⅰ期官衙に先行する竪穴住居に関して、「複数の地点から関東系土師器の出土が報告され、関東地方との交流が指摘されると単に拠点的な官衙の造営に伴っての人びとの移住とだけは見れないと考える」(「仙台平野における多賀城創建までの様相」『第二九回古代城柵官衙遺跡検討会資料集』二〇〇三年）、「発見当時は官衙関連の竪穴住居と考えていたが……仙台平野の複数の地点から同種の土師器が発見されることから、仙台平野の全域を対象にした移住の一部の可能性を考えたい」（「郡山遺跡の概要」前掲『第二九回古代城柵官衙遺跡検討会資料集』所収）と、当初の解釈を修正している。

このように関東系土器の出現期は、考古学的にいって郡山遺跡のⅠ期官衙の造営に先行することは確実なのであるが、その時期をさほどさかのぼらないとみるこれまでの有力な見解は、郡山遺跡のⅠ期官衙に先行する竪穴住居や南小泉遺跡の大溝で区画された集落の性格の理解から導き出された解釈という側面がつよいと思われる。そこで出土例が増加した現時点において、ほかに解釈の余地はないのかということを改めて検討してみたい。

出現期の関東系土器（須恵器坏模倣タイプの土師器）を出土する遺跡は、最新の集成によれば宮城県内で一五ヵ所にのぼる（「律令国家の周辺部における地方官衙の成立と変容—多賀城創建にいたる黒川以北十郡の様相—」前掲『第二九回古代城柵官衙遺跡検討会資料集』所収）。そのうち九遺跡が仙台平野の遺跡で占められており、明らかに仙台平野に偏在していることがみてとれる。ただし瀬峰町泉谷館跡のように、同じ時期に仙台平野から遠く離れ、官衙の造営につながらない遺跡からも出土するという事実も見逃せない。

さらに、最近になって福島県でも大溝で区画された集落から南小泉遺跡などと同時期とみられる須恵器坏模倣タイプの関東系土器がまとまって出土する遺跡が存在することが判明した。それは福島県中部の本宮町《もとみや》に所在する高木遺跡である。

高木遺跡は本宮町北部の阿武隈《あぶくま》川右岸の自然堤防上に立地する古墳時代後期を中心とした巨大集落遺跡で、検出された住居跡はすでに六〇〇軒以上に達している。遺跡の中央部のもっとも標高の高い場所を大溝で区画しており、このなかの住居跡から須恵器坏模倣タイプの関東系土器や半球形の金属器椀を模倣したタイプの関東系土器（七世紀後半代）がまとまって出土した（菅原祥夫「阿武隈川流域の古代集落―本宮町高木遺跡を中心に―」『平成一四年度発掘調査研究成果公開研究発表会資料』（財）福島県文化振興事業団、二〇〇二年）。

なお菅原祥夫氏によれば、福島県郡山市徳定《とくさだ》遺跡では高木遺跡よりさらに一段階古い関東系土師器杯の搬入品が多量に出土しているという。高木遺跡の状況は、須恵器坏模倣タイプの土師器の時期に集落が急速に拡大する点など、仙台市南小泉遺跡とやや異なる状況もみられるが、大溝で区画された集落から関東系土器が集中して出土する点や、大溝で区画する時期などは、基本的に南小泉遺跡と同じとみられるから、双方とも関東方面からのヒトの移動をともなう一連の動きの所産とみるべきであろう。

この地域は、いうまでもなく蝦夷の居住地からは遠く隔たったところにあり、当該時期には国造《くにのみやつこ》制が施行されていたとみられる。したがって高木遺跡の例は、この時期の移民の対象地が蝦夷の居住地に近接した地域に限定されないことを示しており、このような移民を律令国家段階の移民政策と同一視はできないことになる。また高木遺跡よりもさらにふるい段階に移民がはじまっていたとすると、時期的には六世紀代にさかのぼることが確実となるので、関東系土器の出現意義を城柵・官衙設置のための移民と限定してとらえることも困難となろう。

そこで改めて仙台平野における関東系土器出現の意義を考えてみたい。その際重要と思われるのは、やはり南小泉遺跡での関東系土器の出土状況である。既述のように、出現期の関東系土器を出土する遺跡は仙台平野に集中する傾向がみられるが、そのなかでも現在までもっともまとまって出土しているのが南小泉遺跡である。

南小泉遺跡は、さきにもふれたように、仙台平野では弥生時代から古墳時代にかけての最大規模の集落である。古墳時代後期に、その一画に大溝によって外部の居住区域と区分された集落（ただし、発掘区域が集落のごく一部なので大溝がどのようにめぐるかは不明）が出現し、その大溝の堆積土および内部の住居跡から須恵器坏模倣タイプの関東系土器がまとまって出土するのである。しかもその関東系土器は食膳具にかたよっていて、土器セットとしてみると在地の煮炊具と組み合わせて使用されていたと考えられる。また両系統の土器はいずれも在地の住民が製作していたとみられ、土器の生産体制は関東からの移民の指揮下におかれていたという想定が可能である。

このような出土状況からみて、南小泉遺跡への移民は自然発生的な地域間交流の結果とみることは困難と思われる。筆者は、南小泉遺跡の規模・性格や、同時期の関東系土器を出土する遺跡が仙台平野に集中するという傾向をふまえると、関東、ないしその背後にある勢力（ヤマト以外には想定しがたい）が仙台平野最大級の拠点集落を政治的におさえ、この地域の支配の拠点とするとともに、それまで拠点集落がになっていた交易ネットワークの機能をも掌握しようとしたとみるのがよいと思われる。

その年代については、共伴した須恵器短頸壺《たんけいこ》が、斎野氏によれば、静岡県湖西産とみられるもので、湖西編年のⅡ—3a期（陶邑編年のTK43併行期）の新相からⅡ—3b期（同TK209併行期）の古相にあたるとしている。これは実年代でいうと六世紀末葉～七世紀初頭に位置づけられているものである。これをふまえて、南小泉遺跡の大溝で区画された集落の出現時期を六世紀末葉～七世紀初頭ごろとみておきたい。したがって仙台平野における須恵器坏模倣タイプの関東系土器の初現も同時期ということになる。

関東系土器出現期の移民政策

以上の考察によれば、仙台平野における関東系土器の出現は大化以前にまでさかのぼることになり、また一定の政治的性格を有していたことがうかがえる。したがって当該時期の関東からの移民は、移民政策とよびうる内実をもっていたとみてよいことになるが、そこでつぎにこの点をふまえつつ、考古学的に知られる事実からこの時期の移民政策の実態をみておきたい。

まず須恵器坏模倣タイプの関東系土器の出土状況からみて、この時期の移民政策の中心が仙台平野を政治的におさえることにあったことは間違いない。その場合、まず南小泉遺跡や清水遺跡などの拠点集落にある程度集中的に移民をおこなって政治的支配のもとにおき、ここを地域支配の拠点としたことが考えられる。それを前提にして周辺の水田地帯にもある程度の植民をおこなっていったのであろう。下飯田・藤田新田・郡山（プレI期）・栗などの仙台市内の集落遺跡がそれにあたる。そして、時間的経緯は明らかではないが、おそらくつぎの段階に多賀城地域の拠点集落である山王遺跡などにも進出していったのではなかろうか。

このようにこの時期の移民政策のターゲットとなったのは主として仙台平野であり、その拠点集落であった南小泉遺跡に関東からの移民を集中的に送り込み、その一帯を政治的支配下におくということに主眼があったと考えられる。この関東からの動きの背後にヤマトの勢力（倭王権）が存在していたかどうかは考古学的には明らかにしがたいが、のちに検討するように、文献史料からみるかぎり倭王権がかかわっていたと考えざるをえないと思われる。仙台平野が移民政策のターゲットとなったのは、この地域が、後述のように、国造制が施行されていた地域のすぐ北に隣接していたので、この地域を新たに倭王権の支配下に組み入れるというねらいがあったのではないかと思われる。

拠点集落の政治的な掌握はその地域の支配にとどまらず、それまで拠点集落を介して形成されていた交易のネットワークを掌握するという意味もあったにちがいない。交易ネットワークを掌握した倭王権は、服属させた蝦夷集団との間に朝貢関係を設定しつつ、拠点集落を場として朝貢という形態をとる交易をおこなったことが想定される。こうして倭王権と服属した蝦夷集団との間には、ゆるやかながらも支配＝隷属関係が設定され、それに交易が随伴するという、朝貢制支配がしだいに拡大していったのではないかと思われる。

倭王権が蝦夷集団を服属させ、このような政治関係を設定、維持していくためには、武力を背景にした強制力が必要とされる。また場合によっては、蝦夷集団が反乱を起こすなどして抵抗することも考えられる。南小泉遺跡の移民集落を区画する大溝は、外側の在地社会との間に一定の緊張関係が存在したことを示すものとみられるし、『日本書紀』が蝦夷の反乱や王権の側の征討を伝えるのは、のちにもみるように、王権と蝦夷集団とのそのような関係を反映したものであると思われる。

なお、須恵器坏模倣タイプの関東系土器を出土する最北の遺跡である宮城県瀬峰町泉谷館跡は、南小泉遺跡とは直線距離で四六キロほど隔たっており、しかも一つだけ孤立したところに所在している。またその出土状況は、集落内に関東系土器を出土する竪穴住居と在地の土師器を出土する竪穴住居が混在しているという（佐藤敏幸「多賀城創建にいたる黒川以北十郡の様相―海道地方―」前掲『第二九回古代城柵官衙遺跡検討会資料集』所収）。このような状況からみると、泉谷館跡は政治的な目的をもった移民集落とは考えにくい。仙台平野周辺に計画的に移住してきた人びとの一部が、何らかの理由で二次的にここに移住してきたという可能性が高いと思われる。

以上、近年の調査の進展によって明らかになってきた七世紀前半前後の考古学的な事実を筆者なりに整理してみたが、つぎに文献史料からこの時期の倭王権の蝦夷政策がどのようなものであったかをみておきたい。

『日本書紀』の蝦夷関係記事

倭王権の蝦夷政策を知ることのできる史料は決して多くない。しかもそのほとんどは『日本書紀』の記事である。そのなかでまず注目すべき史料は蝦夷の朝貢記事であろう。このあとにみるように、『日本書紀』には蝦夷征討の記事もみられるが、それらは数があまり多くないうえに、ほとんどが伝説的な記事で、その信憑《しんぴょう》性に問題がある。それに対して蝦夷の朝貢記事は、王都でのできごとの記録ということもあって、比較的実録的な傾向がみられる。しかも蝦夷の王宮への朝貢は、かつて拙稿で検討したように、王権との一定の政治的な関係に随伴するものであって、蝦夷の倭王権への服属が前提となっている（拙稿、前掲「蝦夷と王宮と王権と」）。すなわち蝦夷の朝貢は、王権の側からの政治的な働きかけの結果として王権に服属し、一定の政治関係を結んだ蝦夷集団が王宮へ朝貢してくるのであるから、倭王権の蝦夷の居住地域への政治的な進出（東国の勢力などを介した間接的なものも含む）が前提となっていると考えられる。したがって王宮への朝貢がおこなわれるようになった段階には、倭王権は何らかの形で蝦夷の居住地へ政治的に進出するようになっていたとみてよいと思われる。

　このような観点から『日本書紀』の蝦夷の朝貢記事をみてみると、まず注目されるのが、さきにも取り上げた敏達紀《びだつき》十年（五八一）潤二月条である。この蝦夷の魁帥《ひとごのかみ》綾糟《あやかす》が来朝して大王に対して服属を誓う記事は、既述のとおり、律令国家段階はもちろんのこと、七世紀代の王宮での服属儀礼とも異なるので、六世紀後半代の事実を伝えているとみてよい。とすれば、このころすでに蝦夷の王宮への朝貢が実際におこなわれていたことになり、倭王権は蝦夷を服属させ、朝貢制的な政治関係を結ぶために、すでに何らかの形で蝦夷の居住地域へ進出していたと考えられる。蝦夷の朝貢記事は、皇極紀《こうぎょくき》元年（六四二）十月甲午条にも「蝦夷を朝《みかど》に饗す」とみえる。これは直前の九月癸酉条に「越辺《こし》の蝦夷、数千内《ない》附《ふ》す」とあるのを受けたものと思われるから、越地方の蝦夷が服属した結果としての朝貢と考えられる。このような記事から、六世紀後半から七世紀前半にかけて、服属した蝦夷の王宮への朝貢はある程度恒常的におこなわれていたのであり、その前提として倭王権の蝦夷の居住地への政治的な進出がすでにはじまっていたと考えられる。

なお越では、大化改新直後に渟足・磐舟両柵を設置しているが、これは右の皇極朝の越の蝦夷の服属、朝貢という動きと無関係ではなかろう。

つぎに『日本書紀』の蝦夷征討にかかわる記事を簡単に検討してみたい。有名なヤマトタケルの蝦夷征討の説話は『日本書紀』編纂《へんさん》段階での潤色が著しいとみられるので別にすれば、そのほかはほとんどが上毛野《かみつけの》氏の氏族伝承にもとづくとみられる記事によって占められる。景行天皇に東国の支配を命じられた御諸別《みもろわけ》王が騒動を起こした蝦夷を討ったという話（景行紀五十六年八月条）にはじまって、蝦夷征討に派遣された田道《たみち》が伊峙水門《いしのみなと》で敗死するが、その墓をあばいた蝦夷が墓から現われた大蛇の毒気によって多数死に、人びとは「田道は死後に讎《あた》に報いた」とたたえたという田道将軍の説話（仁徳紀五十五年条）や、同じく蝦夷征討に将軍として派遣された上毛野君形名《かみつけのきみかたな》が、かえって蝦夷のためにやぶられ、敗走して塁に逃げ込み蝦夷に包囲されてしまうが、そのとき妻が先祖の功業をあげて形名を励まし、数十人の女人に弓弦《ゆみづる》をならさせたところ、蝦夷は敵軍多数と思って少し後ずさりしたので、勢いを得た形名軍が蝦夷をやぶることができたという記事（舒明紀九年〔六三七〕是歳条）などがそれである。

御諸別王や田道は上毛野氏の先祖とされる人物であるが、いずれも伝説的な記事であり、事実を伝えたものとは考えがたい。上毛野形名の話は、やはり伝説的な色彩が強いが、ある程度事実を反映しているとみることができそうである。というのは、まず『日本書紀』の記事で「大仁」という冠位（冠位十二階の第三位）を帯びているのは、何かよるべきところがあったとみられる。また妻を同伴したということなどは、いっけん説話的な印象を受けるが、『日本書紀』によれば、推古十一年（六〇三）に征新羅大将軍の当麻皇子《たいまのおうじ》は妻を同伴して難波を発っているし（同年七月丙午条）、斉明末年の百済救援の役の際には大海人《おおあま》皇子《おうじ》の妃の大伯皇女《おおくのおうじょ》・鸕野皇女《うののおうじょ》や額田王《ぬかたのおおきみ》が筑紫まで同行しているので、かつては遠征に妻を同伴することもめずらしくなかったことが知られる。律令国家の段階にはこのような習慣はなくなるから、この点も律令制以前の事実を反映しているとみてよいであろう。

このように、形名の征討説話にはもとづく事実があったとみられ、大化以前に上毛野氏が蝦夷征討で一定の役割を果たしていたことは認めてよいと思われる。ただし『日本書紀』で上毛野氏以外の氏族がかかわった征夷がみられないのは、多分に偶然によるとみたほうがよいであろう。上毛野氏の場合は、朝鮮半島への将軍派遣説話もいくつか伝えられていることなどから察せられるように、家記の類が『日本書紀』の編纂材料として用いられたと考えられ（坂本太郎「日本書紀と蝦夷」『古事記と日本書紀』〈坂本太郎著作集2〉吉川弘文館、一九八八年、初出は一九五六年）、そのことが記事の豊富さの大きな要因となっているのである。したがって、大化前代の倭王権の蝦夷政策の担い手を上毛野氏に限る必要はないと思われる。出現期の関東系土器が印旛沼周辺との関係が深いとみられることは、これを裏づける事実といえよう。また大化以前にも蝦夷征討がおこなわれていたということは、この段階の王権と蝦夷との関係が決して対等で自由なものはなく、武力による強制力をともなっていたことを物語るとともに、ときとしてそうした王権の政策に反発した蝦夷集団が反乱を起こすこともあったことを示している。

以上の検討によれば、倭王権による関東系土器出現期の蝦夷政策は、とりあえずつぎの三点にまとめることができよう。

(1)　植民と周辺地域の支配
(2)　交易ネットワークの掌握と蝦夷集団の服属、および朝貢関係の設定
(3)　(1)(2)の目的実現のための武力保持と、集落の防御

城柵形成史

大化改新と蝦夷政策

国造制の解体と柵の設置

大化元年（六四五）にはじまった大化改新は、王権の地方支配を大きく変えることになった。改新政権はそれまでの国造《くにのみやつこ》支配を解体し、全国いっせいに評《こおり》（のちの郡《こおり》に相当）をおいて王権の地方に対する一元的な支配体制の構築をめざした。それを実現するために諸国に使者《みこともち》が派遣されたが、なかでも東国に遣わされた使者を『日本書紀』は「東国等の国司」とよび、くわしい記述を残している。

この場合の「東国」とは、のちの一般的な用例のように「坂東」、すなわち関東地方のみをさすのではなく、「三国《みくに》」（のちの越前国三国とみるのが妥当）という地名が見えるので、近江を除く東山・東海・北陸道のほぼ全域を含むとみられ、しかも蝦夷と境を接する地域での措置も命じているので、明らかにのちの陸奥国の地域も含まれていた。彼らは担当地域で人口や田地の調査をおこない、国造のクニを解体して評の官人を任命し、国造などの有力者の武器を収公する、といった任務を帯びていた。これらはすべて国造支配の解体と評の設置にかかわる施策である。

なお孝徳朝には、これらの政策とともに評の上級の行政組織として新しい「国」を置くということもおこなわれた可能性が高い。のちにふれるように、遅くとも斉明朝には「道奥国」が存在していたことが知られるが、それはおそらく大化期におかれたものであろう。なお陸奥国は七世紀後半代には「道奥国」と表記されたようであるが、以下では便宜的に陸奥国で表記を統一する。

毛野《けぬ》や陸奥方面に派遣されたのは紀麻利耆拕《きのまりきた》を長官とするグループであったが、彼らは武器収公に際して、蝦夷と境を接する地域ではいったん武器を集めて登録したうえで持ち主に預けておくよう指示されていたのに、それにしたがわずに集めた武器を国造にわたしたということでとがめられている。このことは、大化の時点で倭王権と蝦夷との間に、律令国家段階ほどではないにしても、なにがしかの軍事的緊張があったことを示している。

また今泉隆雄氏が指摘しているように、倭王権は国造の支配領域の外側の住民を「蝦夷」として把握していたこともうかがわれる（「律令国家と蝦夷」『宮城県の歴史』〈県史4〉、山川出版社、一九九九年)。

『日本書紀』によれば、大化三年(六四七)に新潟市付近に渟足柵《ぬたりのき》を築くとともに柵戸《きのへ》を付属させ、翌年にはさらに北に磐舟柵《いわふねのき》を造営して越《こし》と信濃の人びとをここに柵戸《さつこ》として移住させている。この二つの記事は、蝦夷の居住地域におかれた城柵《じょうさく》と柵戸の初見史料である。この大化年間における越地方の二つの城柵の造営は、おそらく皇極《こうぎょく》朝の数千人の「越辺の蝦夷」の服属(人数が多数であることからみて、これ以前に征討がおこなわれた可能性が高い)をうけて、この地域の蝦夷支配の拠点としておかれたものであろうが、右のような改新政権の施策からみて、改新政権の新たな蝦夷政策という性格も有していたと考えられる。

このように、柵戸を付属させた城柵の造営が大化改新とともに開始されることは重要である。すなわちこのことは、柵戸移配と一体となった城柵の造営が改新政権のおこなった国造支配の解体、全国いっせいの立評と一連の政策であること、いいかえればこれ以前の蝦夷政策とは質的に異なるものであることを示している。改新政権のおこなった武器収公策は、国造などの地方豪族のもっていた武力の削減策であることはいうまでもないが、蝦夷の地に近接した地域の住民のみは武器をもつことを許されているから、この時期の蝦夷政策が武力を背景とした強制力をともなうものであったことは否定しがたい。さらに大化四年の磐舟柵の造営記事には「以て蝦夷に備ふ」と明記されているし、斉明朝の阿倍比羅夫《あべのひらふ》の遠征では城柵付属の兵力が使われているから、これらの文献史料によるかぎり、改新直後に設置された城柵（文献史料上は「柵」）が一定の武力を保持した蝦夷支配のための施設であることも明らかであると思われる。ただしそうはいっても、文献史料に現われた初現期の「柵」に関する史料はいずれも断片的なものばかりであるから、文献史料から初現期の「柵」の性格や機能を詳細に知ることは不可能で、この時期の「柵」の全容を解明するためには考古資料も合わせて検討することが不可欠である。

なお初現期の「柵」には柵戸とともに柵養《きこう》（城養）の蝦夷が付属していた（初見は斉明紀元年〔六五五〕七月己卯条）。柵養の蝦夷とは「柵に養《やしな》われている蝦夷」の意味であろうから、服属して城柵から食糧などの夷禄《いろく》を支給されている蝦夷のことであると思われる。彼らは王宮まで朝貢していくこともあるし、征討の際に倭王権の側の兵力とされることもあった。さらには未服の蝦夷を服属させるときの仲介役なども努めたのであろう。奈良時代以降の俘囚《ふしゅう》に相当するとみてよい。この柵養の蝦夷の多くは、城柵が設置された地域のもともとの住民であったと思われる。

また斉明紀四年七月甲申条では柵養の蝦夷とともに都岐沙羅《つきさら》柵造・渟足柵造に授位がおこなわれており、七世紀後半代の「柵」には「柵造《きのみやつこ》」なる官人が置かれていたことが知られる。渟足柵造は大伴君稲積《おおとものきみいなつみ》という人物であるが、彼は「君」というカバネからみて柵戸の出身地である北陸地方などの在地豪族ではないかとみられる（蝦夷に「君」のカバネが賜与されるのは八世紀初頭の和銅年間以降のこと）。したがって柵造とは、通常の評の評造や評督に相当する官で、柵戸の統率者とみてよい（拙稿、前掲「近夷郡と城柵支配」）。

蝦夷の居住範囲

さて、倭王権が国造の支配領域の外側の住民を「蝦夷」として把握したとすると、国造が設置された北限が問題となる。国造の史料としては平安初期に成立した『先代旧事本紀《せんだいくじほんぎ》』所載の「国造本紀」がもっともまとまったものであり、今泉氏もこれに「伊久国造」（のちの伊具《いぐ》郡、現在の宮城県角田《かくだ》市・同伊具郡丸森町の地域）や「思国造」（亘理国造）の誤記ではないかとされる。そうであれば宮城県亘理《わたり》郡亘理町・山元町の地域）がみえるところから国造制の北限を宮城県南部の伊具・亘理地方としている。「国造本紀」は記紀よりふるい六〜七世紀の史料にもとづいていると推定されるが（吉田晶「国造本紀における国造名」『日本古代国家成立史論』東京大学出版会、一九七三年）、一方で「出羽国司」など明らかに八世紀以降にくだる加筆もみられる。そのうえ「思国造」というような不確かな国造名も含まれているので、「国造本紀」のみに依拠して国造制の北限、したがってまた蝦夷の居住地の南限を考定することには不安が残る。

そこで筆者は、別の方法で蝦夷の居住範囲の確定を試みたことがある（「古代の蝦夷（エミシ）について」『歴史と地理』四九六、一九九六年。「古代蝦夷の文化」『アイヌの歴史』I、創童舎、二〇〇三年、初出は一九九八年）。それは、より直接的な史料から蝦夷の居住範囲を考えるという方法である。

まず日本海側では大化改新直後に渟足柵（新潟市付近）、磐舟柵（新潟県村上市付近）が造営されるが、『日本書紀』の磐舟柵の造営記事には「蝦夷に備ふ」とその目的が記されているから、これらの城柵の周辺は蝦夷の居住地であったことになる。さらに新潟市の的場遺跡からは「狄食」という字を習書（字の練習）した八～九世紀ごろの木簡が出土している。「狄《てき》」とは日本海側の蝦夷のことであるから、「狄食」とは服属した蝦夷に政府が支給する食料を意味する。したがって八世紀以降も越後国内に蝦夷が居住していたことが知られる。これらのことから現在の新潟市あたりから北が蝦夷の居住地と考えられる。

また日本海側の内陸部では、『日本書紀』持統紀三年（六八九）正月丙辰条に「陸奥国優嶹曇郡《うきたまのこほり》の城養《きかふ》の蝦夷」二人が出家することを願い出て許されたことがみえている。城養（柵養）の蝦夷とは、既述のように、城柵に付属する蝦夷のことである。優嶹曇郡（当時は「優嶹曇評」といった）は、のちの出羽国置賜《おきたま》郡すなわち現在の山形県の米沢市周辺の地域で、和銅五年（七一二）に出羽国が建置されるまでは陸奥国に所属していた。ここに城養の蝦夷がいたということは、この地域に城柵が置かれ服属した蝦夷も居住していたということになる。したがって日本海側内陸部では、少なくとも米沢盆地以北には蝦夷が居住していたとみてよい。

一方、太平洋側では陸奥国の国府である多賀城より北の大崎地方から北上川下流域にかけての一帯には、神亀元年（七二四）の多賀城の創建とほぼ時を同じくして、玉造《たまつくり》・新田《にい》・色麻《しかま》・牡鹿《おしか》などの五つの城柵と、黒川以北十郡と一括される小規模な一〇の郡（牡鹿・小田・新田・長岡・志太・玉造・富田・色麻・賀美《かみ》・黒川の各郡）がおかれた（拙稿「黒川以北十郡の成立」『東北学院大学東北文化研究所紀要』二一、一九八九年）。

十郡は東北南部や関東地方などからの移民（「柵戸」とよばれた）を主体とする郡であったが、同時にこの地域には服属した蝦夷（「俘囚《ふしゅう》」とか「夷俘《いふ》」とかよばれた）も多数居住していた。たとえば宝亀元年（七七〇）には、十郡の俘囚三九二〇人が俘囚身分を脱して公民になりたいと願い出て許されている。またこれらの十郡に囲まれるような位置に置かれた遠田《とおだ》郡（宮城県小牛田《こごた》町付近）は、当郡および周辺の「田夷《でんい》」（服属し、稲作農耕を生業とする蝦夷）によって編成された特殊な蝦夷郡であり（拙稿「田道町遺跡出土の『真野公』木簡をめぐって」『田道町遺跡』〈石巻市文化財調査報告第七集〉一九九五年）、やはりこの地域が蝦夷の居住地であったことを示している。

太平洋側で蝦夷の居住を示す史料が残っているのはこの十郡の地域より北であるが、十郡よりも南の地域にも、宮城郡に多賀城、名取郡に郡山遺跡（仙台市）などの城柵が設置された。このうち多賀城は神亀元年（七二四）に陸奥国の国府として創建された城柵である。また郡山遺跡については後述するが、七世紀末～八世紀初頭のⅡ期官衙《かんが》は多賀城以前の陸奥国の国府である可能性が高く、それ以前のⅠ期官衙は七世紀中葉、すなわち渟足・磐舟柵とほぼ同時期に創建された城柵遺跡とみられる。そうするとⅠ期官衙の造営目的には、磐舟柵などと同じように蝦夷に備えることが含まれていたと考えられるから、郡山遺跡周辺、すなわち古代の名取郡あたりまでを本来の蝦夷の居住地とみてよいであろう。

このように新潟平野―米沢盆地―仙台平野をむすんだ線が本来の蝦夷の居住地の南限とみられ（五〇ページ図3参照）、それから北に広大な蝦夷の世界が広がっていた。このあとに取り上げるように、斉明朝には有名な阿倍比羅夫の北方遠征がおこなわれるが、その際に比羅夫は齶田《あぎた》（秋田）・津軽などを経て渡嶋《わたりしま》にまでいき、渡嶋の蝦夷を服属させている。渡嶋は北海道の古名と考えられるので、蝦夷の居住地は北海道にまで広がっていたことになる。

以上の検討によって明らかになった蝦夷の居住範囲に「国造本紀」の国造の分布を重ね合わせてみると、蝦夷の居住地域はほぼ国造の分布地域の外側に相当しており、おおむね両者は対応していることが知られる。すなわち「国造本紀」で越後地域の可能性のある国造としては高志《こし》国造・久比岐《くびき》国造・高志深江《こしのふかえ》国造の三つがあげられるが、高志国造は越後国古志郡（新潟県長岡市周辺、ただし広域の越国〔北陸全域〕の国造とみる説もある）、久比岐国造は越後国頸城《くびき》郡（新潟県西部）、高志深江国造は越後国蒲原郡の信濃川下流域に比定するのが一般的である。このうち高志深江国造については、むしろ古く栗田寛が『国造本紀考』で「高志深江ハ、諸国の村名を記せるものに、越後国頸城郡沼川《ぬのかわ》郷深江村とある是なり」といっているのが妥当なように思われる。沼川郷は新潟県上越市から西の海岸部に比定される。したがって「国造本紀」における北陸地方の国造の設置範囲は、不確実な部分が残るが、ほぼ新潟平野以南とみることができる。陸奥国側では、さきにふれたように、「伊久国造」が陸奥国伊具郡、「思国造」が「亘理国造」の誤記であれば同亘理郡に比定される。こちらも不確定なところを含むが、ほぼ宮城県南部の阿武隈《あぶくま》川河口付近を「国造本紀」所載の国造の北限とみてよいであろう。そうすると、この国造の北限はさきに別個に考察した蝦夷の居住範囲の南限とよく照応するといってよく、このことによって逆に「国造本紀」の記載の信憑性《しんぴょうせい》がある程度確かめられることになろう。

このような蝦夷の居住地は、もちろんつねに固定していたわけではなく、蝦夷の同化やそれを前提とした公民身分への編入などによってしだいに北にせばめられていったことは否定できない。平安初期には、ほぼ現在の宮城県北部（『類聚国史』巻百九十俘囚延暦十一年（七九二）正月丙寅条に「伊治村《これはり》（宮城県栗原郡）の俘」がみえる）と山形・秋田の県境を結んだ線よりも北が蝦夷の居住地になるとみてよいであろう。しかしながら従来ひろく考えられていたように、時代をさかのぼるほど蝦夷の居住範囲が広範囲にわたっていたとみるのは誤りである。それは新潟平野―米沢盆地―仙台平野を結んだ線よりも南の地域の住民を「蝦夷」とよんだことを示す確実な史料がないからである。

斉明朝の蝦夷政策

斉明元年（六五五）、皇極天皇が重祚《ちょうそ》して斉明天皇の時代となると、倭王権の政策は大きく転換する（拙稿、前掲「蝦夷と王宮と王権と」。拙著『大王から天皇へ』〈日本の歴史03〉講談社、二〇〇一年）。難波から飛鳥への還都が断行され、倭京の造営が大々的におこなわれる。斉明天皇は、倭京に「狂心《たぶれごころ》の渠《みぞ》」「石の山《やま》丘《おか》」、さらには須弥山《しゅみせん》像や亀形石造物などの特異な施設、建造物をつぎつぎとつくって王都を飾り立てたところから、〃興事好き〃の女帝として人びとのそしりを受けることになった。

倭京のユニークな構築物の一つに須弥山像を中心とした国家的な儀礼施設がある。『日本書紀』によれば、斉明朝には飛鳥寺の西の広場に須弥山像をつくり、盂蘭盆会《うらぼんえ》などの仏教法会を催したり、覩貨邏《とから》、多禰嶋《たねがしま》（種子島）、粛慎《あしはせ》などの人びととともに蝦夷の饗応もここでおこなっている。これらの化外《けがい》の民の饗応は、服属儀礼的性格をもつものと考えら

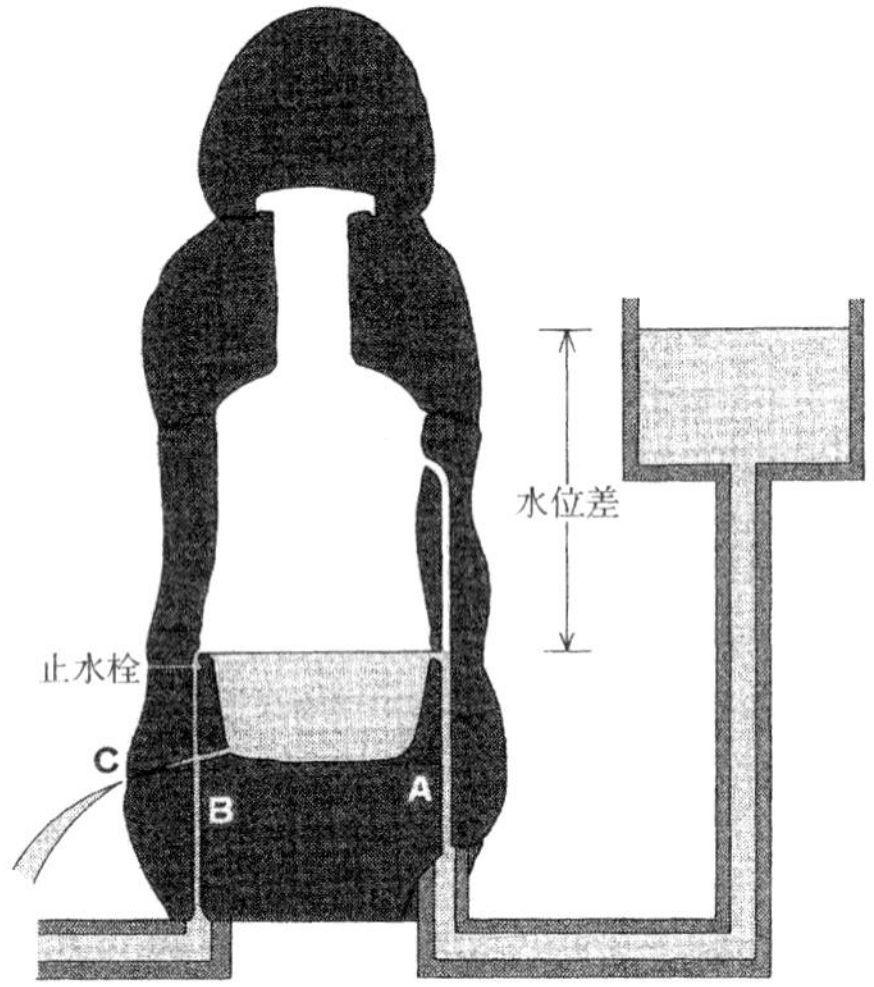

図13　須弥山石復原模式図（飛鳥資料館図録『斉明紀』より）

れる。一九〇二年（明治三十五）、旧飛鳥小学校東方の水田で斉明紀にみえる須弥山像と見られる三個の石が掘り出された。現在、石神《いしがみ》遺跡とよばれている場所で、三個の石は須弥山石と名づけられた。須弥山石は、本来、四段以上あり、表面には山の形や波のような文様がレリーフで施されている。内部は円筒状にくり抜かれて槽となっており、最下段の石には外側に向かって穴がうがたれている。槽に水が溜まると、最下段の穴から外に向かって水が噴き出す噴水仕立てである（図13）。石神遺跡は、一九八一年以降、継続的に発掘調査がおこなわれている。その結果、この地域には、斉明朝に突如として大規模な王権の施設が出現することがわかった。しかも斉明朝の短い間に、三、四度もの大規模な整地・造営がくり返されるのである。斉明紀には三度も須弥山像を作ったという記事がみえるが、それはこの石神遺跡の整地・造営のたびに石像を撤去して組み立て直したものとみるのがよいと思われる（拙稿「斉明紀の須弥山像と石神遺跡」『飛鳥に学ぶ』飛鳥保存財団、二〇〇一年）。

　石神遺跡は斉明朝の最後の時期にもっとも整備される。遺跡は、南北八二メートル以上におよぶ廊状建物によって大きく東西に二分される。東の区画の南半部は、井戸を中心に数棟の建物が連なり、その南に石敷広場が広がっている。北半部は、長大な四棟の建物が回廊状に配されて細長い区画を構成する。その中に正殿と前殿の関係にあると思われる南北棟と東西棟が配置されている。宮殿とも官衙とも異なった、独特の建物配置である。西側の区画では、石神遺跡で最大級の建物を中心に何棟かの建物がみつかった。東西の区画とも、建物や井戸の周囲にはていねいに石敷が施されている。これは、浄水を得るための井戸を中心とした空間構成の存在などと相まって、ここが清浄さを重視した神聖な空間であったことを遺構的に示すものである。

図14　石神遺跡出土の陸奥産土器（奈良文化財研究所提供）

『日本書紀』の記載との関係で興味深いのは、石敷の井戸を中心とした東の区画から六〇点以上の陸奥産とみられる内面を黒色処理した土師器《はじき》が出土したことである。このあたりで陸奥からきた蝦夷の饗応がおこなわれたことを裏づけるものである。また玉石組の一辺約六㍍の方形の池が見つかっている。これとよく似た池が仙台市の郡山遺跡のⅡ期官衙の政庁の一郭からも見つかっていて、蝦夷の朝貢との関係で注目される。おそらく、服属儀礼に際しておこなわれたみそぎに用いられたものであろう。

斉明女帝は、王都をユニークな構築物で飾り立てると同時に、蝦夷の地への遠征を大々的におこなった。『日本書紀』は斉明四年（六五八）から三年連続でおこなわれた阿倍比羅夫の北方遠征のようすを比較的くわしく伝える。この遠征によって、斉明朝初年までに服属していた津軽の蝦夷に加えて、齶田（秋田）・渟代《ぬしろ》（能代）・渡嶋（北海道）、さらには粛慎《あしはせ》（北海道のオホーツク文化人か）などが新たに服属する。北海道にまでおよぶ大遠征は、古代ではほかにほとんど例がない。服属した蝦夷・粛慎は、はるばる倭京にまで朝貢して行き、飛鳥寺の西の広場の須弥山像のもとで服属儀礼をおこなった。

こうして、斉明天皇がおこなった倭京でのさまざまな「興事」と北方遠征は、この倭京の儀礼空間を介して一連の政策として結びつくことになる。斉明にとって、空前の北方遠征は、倭京の造営とならぶ王権強化策の一つであったのである。また、比羅夫の北方遠征がおこなわれていた最中の斉明五年には、遣唐使に蝦夷の男女二人を同道して唐に行き、唐の皇帝高宗に謁見するということもおこなっているが（《「伊吉連博徳書」にみえる蝦夷観》の項〔一七ページ〕参照）、これまた倭国が蝦夷を「朝貢国」としてしたがえる小帝国であることを唐に対して主張しようとしたもので、斉明女帝の蝦夷に対する政治意識をよく示すものである。

さて、このように斉明紀の北方遠征記事は、阿倍比羅夫の日本海側の北征を中心に構成されているが、これはかつて拙稿でくわしく論じたように、『日本書紀』の記事が阿倍氏の家記を主たる材料として書かれたために生じた現象で、事実を客観的に伝えているとはいいがたいのである（拙稿「阿倍比羅夫北征記事に関する基礎的考察」『東北古代史の研究』吉川弘文館、一九八六年）。

斉明紀には元年（六五五）、四年、五年に蝦夷の来朝記事があり、政府側が積極的な蝦夷政策をとっていたことがうかがわれるが、そのうち元年七月と五年三月に、北（越）の蝦夷とともに東（陸奥）の蝦夷が王都に来朝し、饗応を受けていることからみると、この時期の王権は越と陸奥の蝦夷を統一的に把握しようとする政策をとっていたことがうかがわれる。決して越のみを重視していたのではないのである。この点をふまえると、三年連続でみられる阿倍比羅夫北征記事の最初の年のものである斉明紀五年（六五九）三月条の末尾に「道奥と越の国司に位各二階、郡領と主政に各一階を授く」とある記事が注目される。これは、日本海側に越国守阿倍比羅夫率いる遠征軍が派遣されたときに、詳細は不明であるが、太平洋側にも道奥国司を中心とした遠征軍が派遣され、同じような成果をあげたことを示すものと解される。同じ時期に陸奥側でも大規模な遠征がおこなわれていたのである。

このような遠征は、八世紀以降の征夷とは異質の蝦夷政策にもとづくものであったとみられる。令制下における征夷が蝦夷と境を接する地域に城柵を設置し、新たに郡（近夷郡）をおいて領域支配を拡大することを目的としたのに対して、斉明朝の北征は各地に居住する蝦夷集団と個別的に接触をはかり、帰服した蝦夷集団と貢納制的な政治関係を結ぶことによってそれを倭王権の政治支配のもとにおこうとするものであった。令制下の蝦夷政策が国郡制の「面的」な拡大を基本としたのに対して、斉明朝の北征は貢納制支配の「点的」な拡大を意図したものであったといえよう。

『常陸国風土記』香島郡条は、「淡海《あふみ》のみ世（＝天智朝）、国覓《くにま》ぎに遣はさむとして、陸奥の国石城船造《いはきのふなつくり》に令《おほ》せて、大船を作らしめ、此に至りて岸に着き、即《やが》て破れきと謂ふ」という興味深い伝承を伝えている（斉明朝の遠征隊も「覓国使《くにまぎのつかい》」とよばれるような使節であったとみられる）。

また『続日本紀』霊亀元年（七一五）十月丁丑条によれば、閇《へ》村の蝦夷須賀君らは先祖のとき以来、定期的に陸奥国府に昆布を貢献してきたというから、この地域の蝦夷集団と中央政府の貢納関係は七世紀代にまでさかのぼることになる。この閇村とはのちの閉伊《へい》村（岩手県宮古市付近）のこととみられるので、現在の岩手県中部の沿岸部がすでに七世紀代に貢納制支配に組み込まれていたのである。

　これらの史料をふまえると、七世紀後半には陸奥側においても「覓国使」と呼ばれるような遠征軍が何度か派遣され、海岸づたいに少なくとも岩手県中部あたりまで北上し、各地の蝦夷集団と接触をはかり、貢納制支配に組み込むことがおこなわれたと考えられる（拙稿、前掲「阿倍比羅夫北征記事に関する基礎的考察」）。

初現期の「柵」

以上にみたように、大化改新を画期として蝦夷政策は大きく転換する。国造《くにのみやつこ》制の解体と立評《りつぴょう》を推進した改新政権は、国造制施行地域の外側に「柵」を設置し、それを蝦夷支配の拠点とする政策に着手する。ついで、王都でさかんに「興事」をおこなった斉明女帝は、越・陸奥の双方で大規模な北方遠征をおこない、蝦夷の朝貢制支配の飛躍的な拡大をはかると同時に、服属した蝦夷・粛慎《あしはせ》を王都に来朝させ、新たに設けた須弥山《しゅみせん》像を中心とする儀礼空間で服属儀礼をおこなわせた。本節では、この時期の蝦夷政策を考古学的に示す遺跡を取り上げて検討してみることにしたい。

仙台市郡山遺跡

七世紀中葉〜後半の倭王権の陸奥国での蝦夷政策を考えるうえで重要な遺跡が仙台市の郡山《こおりやま》遺跡である。郡山遺跡は仙台市南部の広瀬川と名取川の合流点付近の自然堤防上に立地し、西方を除く三方を両河川に取り囲まれている。一九七九年からはじまった発掘調査によって新旧二時期の官衙《かんが》遺構が発見され、古い段階のものを「I期官衙」、新しい段階のものを「II期官衙」とよんでいる。II期官衙の時期には、その西南に隣接して付属寺院である「郡山廃寺」が営まれる（図15）。またI期官衙に先行して集落が存在していた（プレI期）こともしだいに明らかになってきた。

I期官衙は東西約三〇〇メートル、南北約六〇〇メートルにわたって広がっており、その遺構は真北より東に三〇〜四〇度傾いた方向を基準に造られている。面積としてはII期官衙を上まわる規模である。施設全体の外囲いとみられる材木塀（溝のなかに丸柱材を密接して立て並べた塀）が南辺や東辺で発見されており、その内部をさらに材木塀《ざいもくべい》や板塀でいくつかの区画に分割し、官衙を配置していたとみられる。北東寄りのところに東西九〇メートル、南北一二〇メートルの一本柱列と板塀によって囲まれた区画が発見されている。この区画では建物が周囲の塀に接するように建てられ、中央部分は広場状の空閑地となっているようである。現在、ここが官衙の中枢部と想定されている。ほかに総柱建物が建ち並ぶ区画（倉庫区）や掘立柱建物と竪穴住居とが混在する区画（雑舎区）、竪穴住居が集中する区画（竪穴区）など、区画ごとに異なる機能のブロック（院）を形成していたと見られる。

このI期官衙は外囲いが長方形であることや、律令制下の官衙の中枢部のようにコの字

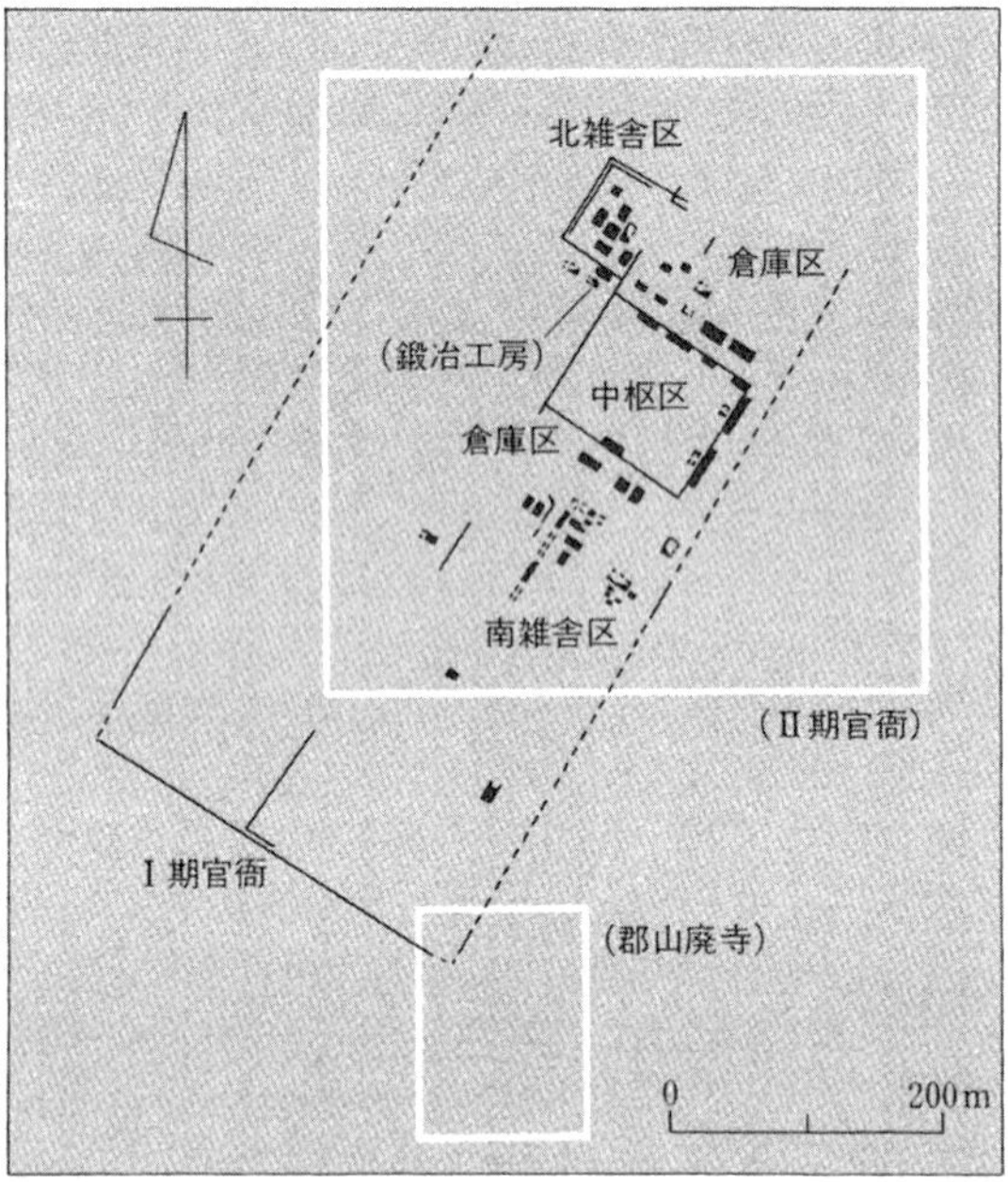

（郡山遺跡Ⅰ期官衙の遺構図）

図15　郡山遺跡遺構配置図（仙台市史編さん委員会編『仙台市史　通史編2』古代中世，2000年より）

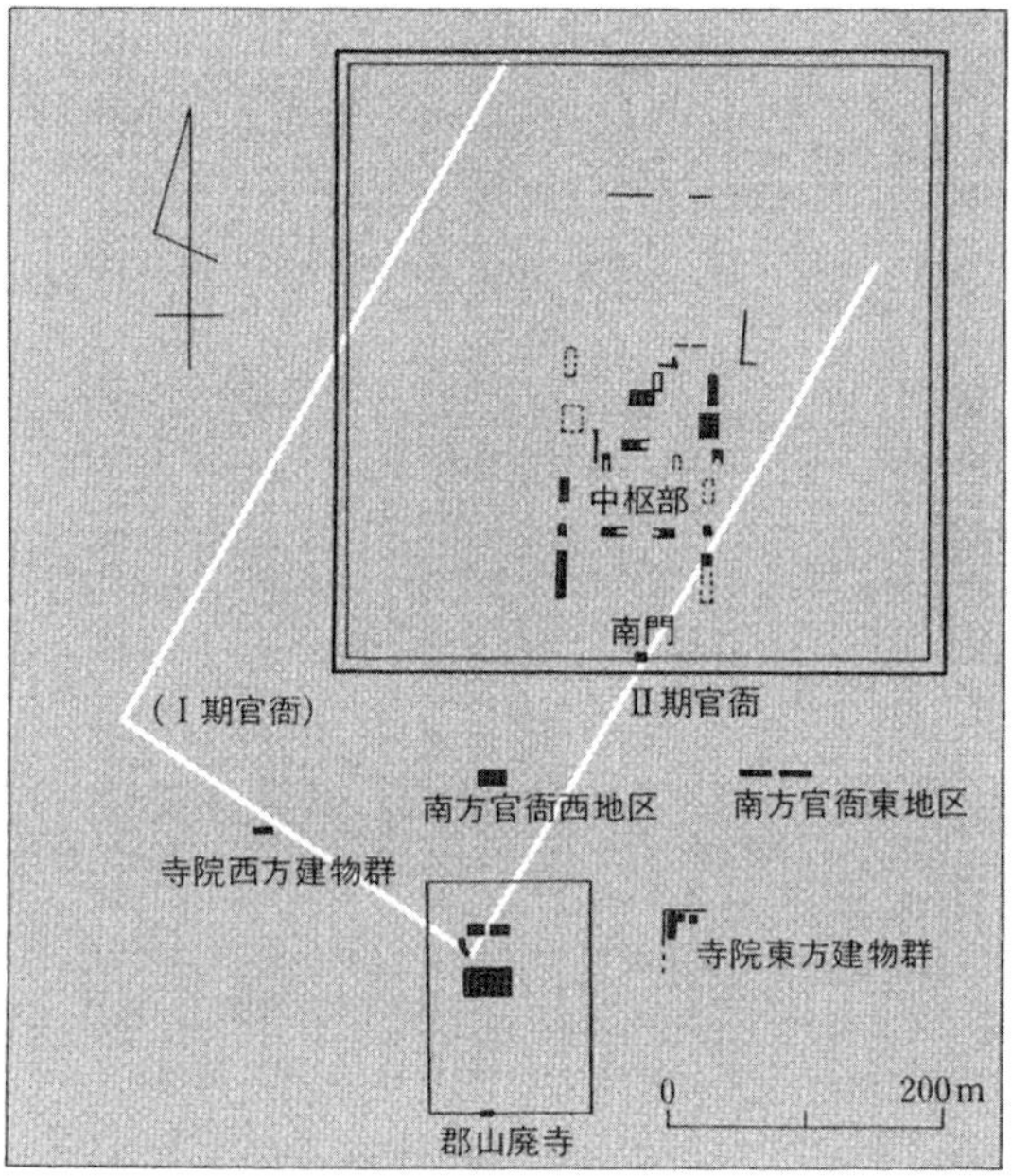

（郡山遺跡Ⅱ期官衙の遺構図）

図16　郡山遺跡Ⅱ期官衙の材木塀
（仙台市教育委員会提供）

型の区画がみつかっていないこと、さらには中軸線の傾きが著しく、施設の正面が東側であった可能性が高いことなど、律令制下の官衙とはかなり異なる様相を示すことがしだいに明らかになってきた。なお、郡山遺跡のⅠ期官衙では、遺構にともなって畿内系の土《は》師器《じき》（飛鳥Ⅲ形式、七世紀第3四半期）が出土しており、畿内勢力との直接的な関係がうかがわれる。

このような点からみて、Ⅰ期官衙の造営時期は大化改新の少しあとごろの可能性が高く（考古学的には斉明朝の可能性も残る）、七世紀末ごろまで存続する。しかも注目されるのは、郡山遺跡のⅠ期官衙が造営されると仙台市南小泉遺跡の規模が縮小するとみられることである。したがって郡山遺跡Ⅰ期官衙の造営は、倭王権の意向を受けた関東の勢力が南小泉遺跡に進出したつぎの段階の事業と考えられ、七世紀中葉に倭王権が越《こし》方面における渟《ぬ》足《たり》・磐舟柵《いわふねのき》の設置と一連の政策によって造営した施設とみるのがよいと思われる。郡山遺跡のⅠ期官衙は、改新後の孝徳～斉明期に陸奥側でも積極的な蝦夷政策をとっていたことを考古学的に裏づける遺跡といえよう。

七世紀末ごろ、Ⅰ期官衙を取り壊して新たに真北を基準にして造営されたのがⅡ期官衙である。全体を四町四方（四二八メートル）の材木塀で区画し（図16）、さらにその外側に大溝をめぐらす。材木塀の南辺中央には八脚門があり、南西コーナーと西辺上では櫓状の建物が検出されている。官衙内部の中央やや南よりのところに政庁があったようで、八間×五間（東西一七・四メートル、南北一〇・八メートル）の正殿とみられる掘立柱建物がみつかっているが、政庁の構成はまだ不明な点が多い。正殿の北側には建物に接して南北一三メートルほどの石敷の広場がある。この石敷のすぐ北東のところから飛鳥の石神遺跡のものに似た玉石組みの方形の池（東西三・七メートル、南北三・五メートル）がみつかっている。

このほかⅡ期官衙の南辺の外側からは大型の掘立柱建物跡が複数検出されており、官衙が外郭施設の外側まで広がっていたことが判明している。またⅡ期官衙の時期には、その西南に付属寺院が営まれた（郡山廃寺）。このⅡ期官衙は神亀元年（七二四）の多賀城の創建に相前後して廃絶することなどから、多賀城以前の陸奥国の国府とみられている。

施設としてのキと「柵」

大化改新後、倭王権によって越・陸奥両地方の国造制が施行されていた地域の外側に「柵」が置かれたことを、文献・考古の史・資料からみてきた。ここで「柵」とはどのような施設であるのかを考えてみたい。この問題は、「柵」の字義、また「柵」の訓であるキの意味、さらには郡山遺跡をはじめとする初期の城柵・官衙遺跡の形態などをふまえて考察する必要があろう。

「柵」はキと訓《よ》まれるが、このキはもともと施設の外囲いの呼称である。キは「柵」とも書かれるが、「城」と表記されることが多い。関係史料を参照すると、キはさまざまなもので構築されたことが知られる。『日本書紀』垂仁紀五年十月己卯朔条には反乱を起こした狭穂彦《さほびこ》が「稲《いね》を積みて城《き》に作る。其《そ》の堅《かた》きこと破るべくもあらず。此《これ》を稲城《いなき》と謂《い》ふ」とあって、稲を積んで防御施設とした「稲城」の記述がみえる。

この「稲城」は、続く文に「天皇更に軍衆を益《ま》し、悉《ことごと》くに其の城《き》を囲み、即ち城の中に勅して曰はく、……」とあるところからすると、稲を築いて作った防壁でまわりを囲んだ施設と考えられていたことがうかがわれる。なお「稲城」は雄略紀十四年四月甲午朔条や崇峻即位前紀用明二年（五八七）七月条にもみえており、戦闘に際して応急的な防御施設として実際に作られたことがあったとみてよいようである。

また『常陸風土記』茨城郡の条には「黒坂命《くろさかのみこと》、この賊《あた》を規《はか》り滅さむと、茨《うばら》もて城《き》を造りき。所以《ゆゑ》に地の名を便《すなは》ち茨城《うばらき》と謂《い》ふ」と、いばらを積んで防壁としたという「茨城」がみえているし、『陸奥国風土記』逸文八槻郷条には土知朱《つちぐも》らが津軽の蝦夷と共謀して、「石城《いわき》」に陣取って猪鹿弓《さつゆみ》・猪鹿矢《さつや》で日本武尊《やまとたけるのみこと》の軍勢に抵抗したという話がみえている。これらはいずれも地名起源説話である。

さらに大化改新直前の『日本書紀』皇極紀三年（六四四）十一月条では、蘇我蝦夷《そがのえみし》が畝傍《うねび》山《やま》の東に家を建てて「池を穿《うが》ちて城《き》とし」たとあり、白村江《はくそんこう》で敗れた後の天智三年（六六四）には「筑紫《つくし》に、大堤《おほつつみ》を築《つ》きて水を貯へ、名《なづ》けて水城《みづき》と曰《い》ふ」（天智紀三年是歳条）と、有名な水城を築いた記事がある。

水城は大宰府を防衛するためにその北西に築かれた防御施設で、全長約一・四キロ、高さ約一三メートル、基底部幅約八〇メートルにおよぶ大規模な土塁を築き、さらにその外側に幅約六〇メートル、深さ四メートルにおよぶ巨大な濠を付設していることが発掘調査の結果判明した。この場合、防塁と濠を築いたのは大宰府の前面のみで、周囲にめぐらしているわけではないが、やはり長大な防御施設を指して水城とよんだことになる。

また皇極四年（六四五）、板蓋宮《いたぶきのみや》でクーデターを決行して入鹿《いるか》を殺害した中大兄皇子《なかのおおえのおうじ》らは、蘇我氏側の反撃を警戒して「即ち法興寺に入り、城として備」えたとあるが（皇極紀四年六月戊申条）、これは築地で囲まれた寺院をキ（この場合は臨時の軍営の意）としてそのなかに立て籠もった事例である。築地も防御施設となりえたのである。

このようにさまざまなもので構築された区画施設、ないしはその区画施設をめぐらせた施設全体がキとよばれるのであるが、史料をみるかぎりそれらは、通常、単なる区画施設ではなく、防御機能を有するものであったとみられる。そしてこれらの史料では、キにすべて「城」字を用いている。

なお、さきにも取り上げた皇極紀三年十一月条には、蘇我蝦夷・入鹿父子が甘檮岡《あまかしのおか》に家を並べて建てた話がみえるが、そこに「家の外に城柵《きかき》を作り、門の傍に兵庫を作る」とある。家のまわりにめぐらしたという「城柵」は、キカキという古訓が伝えられている。キカキはキ＋カキで、キは「城」とも「木」とも考えられるが（城も木もキの乙類）、おそらく後者で（前者だとカキと意味が重なってしまう）、木を立てならべてカキ＝垣根状にめぐらした施設の意と解される。それが防御施設であったことは、兵庫と併記されていることからも明らかである。

「柵」の字義は、『説文解字《せつもんかいじ》』に「柵は豎《たて》（＝竪）の木を編めるものなり」とあるように、木を立て並べて垣としたもの、ということであるから、右の城柵（キカキ）を周囲にめぐらした施設こそ「柵」と表記されるのにもっともふさわしい。そうすると、郡山遺跡のⅠ期官衙・Ⅱ期官衙双方の外囲いの施設である材木塀がキカキ（木柵）を髣髴《ほうふつ》とさせるものであることは衆目の一致するところであろう。この点からⅠ期官衙・Ⅱ期官衙は初現期の「柵」遺跡の実例と考えて誤りあるまい。

このようにキとは、本来、さまざまなもので構築された防御施設そのものを指したが、転じてその防御施設を周囲または一部にともなった施設全体をもキ（城・柵）とよんだ。キの防御施設としては、木柵、築地《ついじ》、土塁、石塁、濠（池）、稲、茨など多様なものがあり、水城のようにそれらを複数組み合わせて用いることもあった。またキには恒久的な施設もあれば、臨時・応急の施設もあり、その性格もさまざまである。

要するに、防塁・木柵・築地・濠などの防御的機能を有する区画施設をともなった施設であればキ（城・柵）とよばれたのであり、区画施設で取り囲まれた施設本体がいかなるものかにはかかわらない呼称であるといってよい。白村江戦後に西日本各地に築かれた朝鮮式山城は周囲を石塁・土塁で囲繞《いじょう》した逃げ込み城的性格をもつとみられ、内部には倉庫群以外、大型の建物はあまりみられない。一方、七〜九世紀に東北地方に築かれた城柵は、築地・材木塀・土塁などを周囲にめぐらせるが、その内部には政庁を中心に、官衙群や倉庫群などが営まれ、官衙としての性格がつよかった。したがって、両者は施設としての性格を大きく異にするがそれをともにキ（城・柵）とよんだのは、いずれも防御施設としてのキをめぐらせているからにほかならない。

「柵」の成立

そこでつぎに問題となってくるのは、『日本書紀』などでキは、通常、「城」と表記され、朝鮮式山城も大野城・椽城・高安城・屋嶋城・金田城など、すべて「城」字が用いられているのに、東北に設置された城柵は同じくキと呼ばれても、渟足柵・磐舟柵をはじめとして、都岐沙羅柵《つきさらのき》、出羽柵、多賀柵、玉造柵《たまつくり》、新田柵《にいた》、色麻柵《しかま》、牡鹿柵《おしか》など、八世紀前半代までは、『日本書紀』『続日本紀』では例外なく「柵」字が用いられていることである。これにはそれなりの意味があったとみなければならない。『日本書紀』などのキに対する用字は、通常は「城」であるが、それらには土塁、石塁、築地など多様な防御施設が含まれる。それに対して東北の城柵に「柵」を用いたのは、やはりその外囲いの施設の構造上の違いと無関係とは考えられない。

そうすると、郡山遺跡Ⅰ期官衙《かんが》・Ⅱ期官衙の外囲いの施設が材木塀であることが改めて注意される。これが「柵」の字義によく適合した構造であることは既述の通りである。さらに近年、宮城県内各地の城柵・官衙遺跡で、コの字型の政庁を核とした定型的な官衙が形成される以前に、周囲に区画溝と材木塀をめぐらした特殊な集落が営まれる段階があったことが判明してきた（村田氏、前掲「飛鳥・奈良時代の陸奥北辺―移民の時代―」。同氏、前掲「七世紀集落研究の視点（1）―宮城県山王遺跡・市川橋遺跡を中心として―」。「律令国家の周辺部における地方官衙の成立と変容―多賀城創建にいたる黒川以北十郡の様相―」前掲『第

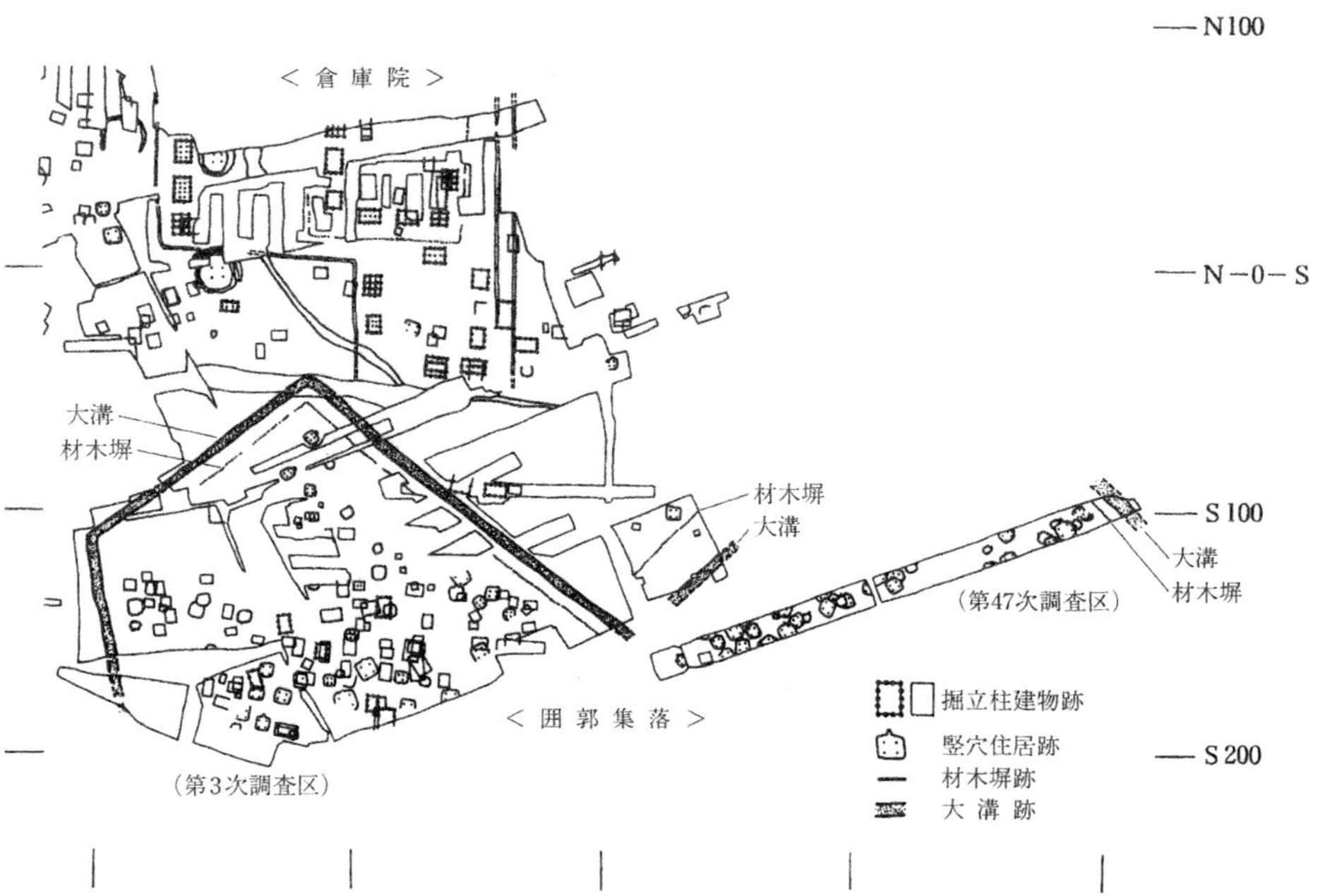

図17　一里塚遺跡の大溝・材木塀をめぐらした集落（村田晃一「7世紀集落研究の視点(1)」『宮城考古学』4号に加筆）

二九回古代城柵官衙遺跡検討会資料集』所収）。

大和町一里塚遺跡では、大溝と材木塀をめぐらせた区画が東西に二つならんで発見されている（図17）。いずれもほぼ同じ時期のものとみられ（七世紀後半～八世紀前半）、西側の区画では北辺で一一〇㍍、東辺で一五〇㍍以上におよぶ大溝と材木塀で囲まれたなかから多くの掘立柱建物と竪穴住居が、東側の区画では調査区域が限られているが、区画施設の内部から多数の竪穴住居が検出されている。また矢本町赤井遺跡では、東西に六〇〇㍍以上におよぶと思われる大溝と材木塀による区画施設の南辺が検出されており、その内部には竪穴住居と小型の掘立柱建物が配置されている。七世紀後半から末ごろのものとみられる。

この二ヵ所以外は、まだ検出が部分的で規模や形状は不明であるが、多賀城市山王遺跡（七世紀後半）や古川市権現山・三輪田《みわだ》遺跡（七世紀後半～八世紀初頭）でも材木塀と溝で構成される区画施設の一部が見つかっている。また古川市南小林遺跡（七世紀後半）では施設の内部を区画するとみられる材木塀が発見された。これらの遺跡はほぼ同時期である ことに加えて、いずれも区画内からは竪穴住居や小型の掘立柱建物が多数検出され、関東系土器がまとまって出土するなどの共通点がみられる。また古川市名生館《みようだて》遺跡の小館《こだて》地区（七世紀中葉～末）では、区画施設はまだ見つかっていないが、竪穴住居と小型の掘立柱建物が集中して発見され、在地の土師器のほかに関東系土器も出土しているので、同性格の遺跡とみてよいであろう。

これらの集落を、遺構のあり方に即してどうよぶべきかはむずかしい問題である。村田晃一氏は、はじめこれらを官衙造営を目的とした計画性の高い集落と考えて「官衙造営環濠集落」とよんだが、のちに「環濠集落」は弥生時代集落の一形態としてすでに定着したイメージがあるので不適切ではないかとの指摘を受け入れて、「官衙造営囲郭《いかく》集落」とよびかえた。また黒川以北十郡地域での成立期の官衙を共同テーマとした第二九回城柵官衙検討会では「特殊集落」という用語を用いているが、検討会当日の質疑で、「特殊」という表現はあいまいではないかという意見が出された。筆者は、このあとに述べるように、このような遺跡こそ、文献史料にみえる「柵」にほかならないと考えるので、「柵遺跡」という呼称も考えたが、古代東北史の研究では柵＝トリデ・軍事施設という認識が定着していた時期があり、現在の城柵研究はそのような見方の克服を重要な契機として進められてきているという経緯があるので、無用な誤解を避けるため、ここではあえてこの用語は使用しないことにした。また筆者は、このような集落がはじめから定型的な官衙の造営を目的として形成されたとは考えないので、「官衙造営」という語を付することには同意できない。そこで、ここではとりあえず村田氏にならって「囲郭集落」とよんでおくことにする。

さらに、郡山（Ⅰ期官衙および郡山廃寺）、権現山・三輪田、南小林、赤井、山王などの遺跡で、少数ながら東北地方北部の特徴をもつ土師器が出土していることが注意される。名生館遺跡の小館地区でも、時期がややくだる七世紀末〜八世紀初頭の竪穴住居（SⅠ一二五五b）の埋土から同様の土師器がみつかっている。これらの囲郭集落が北方世界と何らかのかかわりをもっていたことを物語る遺物と解される。

このように、ちょうど郡山遺跡のⅠ期官衙・Ⅱ期官衙の時期にあたる七世紀中葉〜八世紀初頭ごろ、仙台平野から古川市周辺の大崎平野にかけての宮城県中北部の各地では、材木塀と溝で周囲を区画された、竪穴住居や小型の掘立柱建物から構成される囲郭《いかく》集落がいっせいに造営される。それらの集落では在地の土師器とともに関東系土器がまとまって出土し（南小林、赤井遺跡などでは関東系土器が主体である）、さらに東北地方北部の特徴をもつ土師器が伴出する遺跡が少なくない。これらの遺跡は、このように顕著な共通性がみられ、かつ関東系土器が一定量ともなうところから、外来の勢力によって特定の目的をもって計画的に構築された集落であることが推察される。

この場合の〝外来の勢力〟とは、文献史学の立場からいえば、倭王権であることは自明のことといってよいが、それは考古学的にも立証することが可能と思われる。まずこれらの囲郭集落と郡山遺跡Ⅰ期・Ⅱ期の官衙は、ほぼ時期を同じくし、区画施設に材木塀を用いることなど、共通点はあるが、明らかに性格を異にする施設とみられる。

それは、郡山遺跡は施設の規模が大きいばかりでなく、方形で規格性が高く（とくにII期官衙はほぼ正方形）、また大型建物が少なくないうえに、畿内産の土師器が出土していることなどからみて、当初から畿内の倭王権がその出先機関の官衙として設置したとみられるのに対して、囲郭集落は、相互に多くの共通点を有するところから同一の造営主体によって営まれたことは確実といってよいが、竪穴住居を主体とする場合が多く、大型建物がほとんどみられないことなど、その官衙的機能が明確でないところに大きな相違がある。ただし関東系土器の存在から、同じ系統の土器を伴出する郡山遺跡と無関係に造営されたとは考えがたいうえ、在地の土器と関東系土器が共伴し、カマドも在地の形態のものと関東の特色をもつものとが併存するので、囲郭集落内部には関東からの移民と在地の住民（＝蝦夷）がともに居住していたとみられている。これは、支配を前提とした住民の政治的な編成を想定しないと理解しがたい状況といってよい。なお、七世紀末ごろには名生館遺跡の城内地区と小館地区や赤井遺跡の御下《おした》地区に官衙が形成されてくるので、郡山遺跡のII期官衙とならんでこれらの官衙が周辺地域の支配にかかわるようになるとみられる。

以上の事実をふまえると、七世紀後半代を中心として宮城県中北部に形成された囲郭集落は、倭王権の出先機関である郡山遺跡の政治的支配のもとで計画的に造営された施設で、内部には倭王権の主導によって関東地方から移配されてきた移民と在地の住民がともに編成されて居住していたとみられるが、なかには出土土器の様相から、赤井遺跡のようにほとんど移民のみによって構成されていたのではないかとみられる場合もある。

このように囲郭集落では、外郭施設が未発見の名生館遺跡を別にすれば、すべて材木塀が検出されている。それらのなかで、集落内部の区画施設とみられる南小林遺跡の区画施設をさらに除くと、外囲いの区画施設はすべて材木塀と溝によって構成されていることになる。しかも以上の検討のように、これらの集落は倭王権の政策的意図によって七世紀後半を中心とする時期にいっせいに造営されたものと考えられる。

もっともこれらの遺跡は、多くの場合、現在まで部分的にしか調査されていないので不明の点が多いが、右のことを念頭におくと、いずれも基本的には同じタイプの計画集落であったとみてよいであろう。すなわち周囲を材木塀と溝によって区画し、さらに内部も材木塀などによっていくつかの院に区分して、多数の竪穴住居や小型の掘立柱建物を配置し、そこに在地の住民と関東からの移民を計画的に住まわせたのである。

集落の周囲に区画施設をめぐらすというのは、この時期の集落としては異例であるから、この区画施設に防御的機能を想定するのはごく自然であろう。防御的機能をもつ区画施設が存在することや、出土土器が関東系を主体とする場合が少なくないことなどを考慮すると、囲郭集落は、在地の住民も一部は取り込んでいるようであるが、主体となっていたのは、やはり外来の関東からの移民であったとみてよいと思われる。小型とはいえ、掘立柱建物が多数存在することも一般の集落と異なるが、これはさまざまな物資の貯蔵・格納用の建物や集落の統率者の居宅、さらには官衙などの可能性が考えられよう。

　これまでの発掘調査の成果から、七世紀後半代の囲郭集落の構成と性格はほぼ以上のように考えられるが、このような考古学的な知見は文献史料にみえる初期の「柵」とよく照応するといってよい。すなわち文献史料から知られる「柵」は、周囲に木柵をめぐらし、移民である柵戸と在地の住民である柵養《きこう》の蝦夷を付属させ、柵造《きのみやつこ》が柵付属の住民を統轄する施設であった。このうち木柵に相当するのが囲郭集落の外囲いである材木塀であり、柵戸は関東系土器、柵養の蝦夷は在地の土器にそれぞれ対応するとみられる。また柵造という官人・統率者がいることは、区画施設の内部から多くの掘立柱建物が検出されることと矛盾しないといえる。そして囲郭集落が阿武隈川河口より北の宮城県中北部に集中的に分布していることは、「柵」が国造制の施行された外側の蝦夷の居住地に置かれたということとも矛盾しない。

　郡山遺跡のような官衙遺跡だけでなく、このような特殊な集落遺跡までを「柵」としてとらえることには、あるいは異論があるかも知れないが、そもそも「柵」は防御的機能を有する材木塀そのものか、それが周囲にめぐる施設の呼称であるから、施設の官衙的機能の有無（実は、囲郭集落にも官衙的機能があったとみられることは後述する）には直接かかわらないのである。また文献史料にみえる渟足・磐舟・都岐沙羅などの越国の「柵」が郡山遺跡のようなタイプのものばかりとは考えがたいということからも、「柵」には囲郭集落のタイプのものも含まれていたとみる必要があると思われる。

以上のようなことから、郡山遺跡のⅠ期官衙・Ⅱ期官衙のみならず、材木塀と溝を周囲にめぐらす同時期の囲郭集落をも、大化改新以降、倭王権がそれまで国造制支配がおよんでいたさらに外側に、蝦夷支配のために新たに設置した「柵」ととらえるべきであると考える。

城柵の形成と南北交流

以上、大化改新以降に新たに東北地方に設置された「柵」についてみてきたが、本節の最後にこの「柵」の設置がどのような歴史的意義をもっていたかを考えてみたい。

「柵」成立の歴史的意義

現在までの考古学的知見からいえば、「柵」の前身は、《仙台平野における関東系土器の出現》の項（九三ページ）で取り上げた仙台市南小泉遺跡の大溝で区画された集落にまでさかのぼることができる。その時期は六世紀末葉～七世紀初頭ごろとみられる。この大溝をめぐらす集落は、関東系土器がまとまって出土するところから、関東からの移民を主体とし、また背後に倭王権の存在が想定される点などは、改新後の「柵」に類似するが、重要な相違点もいくつかある。それは、まずこのような移民政策が蝦夷の居住地に限定されないという点である。既述のように、大溝で区画し、関東系土器（搬入品）を多量に出土する同時期の集落遺跡が福島県中部にも存在することが判明している（本宮《もとみや》町高木遺跡）。同地域ではさらにさかのぼる関東系土器（搬入品）を出土する集落も存在するという。したがって、古墳時代後期の六世紀には、おそらく倭王権の東北支配政策として、関東の住民を東北南部各地に移住させて支配の拠点とするということがおこなわれており、南小泉遺跡の大溝をめぐらした移民集落もそのような政策の一環ととらえることができると思われる。南小泉遺跡が選ばれたのは、仙台平野最大の拠点集落であるここを政治的に抑えることがこの地域の支配に不可欠であったからであろう。

　二つ目の相違点は、いまだ類例が少ないので一般化できるか明確でないが、少なくとも南小泉遺跡と高木遺跡では区画施設は大溝のみで、材木塀《ざいもくべい》がともなっていないことがあげられる。材木塀のみからなる郡山遺跡Ⅰ期官衙を別にすると、七世紀後半代の囲郭集落では、外囲いの施設は知られるかぎりすべて材木塀と溝から構成されていることは、すでに述べたとおりである。したがって南小泉遺跡と高木遺跡は、キではありえても「柵」という概念には当てはまらないことになる。これは、文献史料上、東北の「柵」の初見が改新直後であることと対応しているようにもみえる。ただしこのような理解が妥当かは、改新以前の囲郭《いかく》集落の事例のさらなる増加をまって判断するべきであろう。

さらに三つ目としては、改新以前の囲郭集落は数が少なく、その分布も仙台平野までに限られることである（ただしこの時期の関東系土器自体は宮城県中・北部まで分布するので、宮城県瀬峰町《せみね》泉谷館《いずみやだて》跡などをどう評価するかという問題は残る）。この点は「柵」との大きな相違点といえよう。したがって改新後の「柵」は、一面で大化以前の倭王権による仙台平野までおよんでいた移民政策を継承しつつも、もう一方で郡山《こおりやま》遺跡という新しい「柵」の形態をとった官衙を支配の拠点として仙台平野に構築し、それを足がかりとして大崎・牡鹿方面に新たに多くの「柵」をおいていったのである。やはりそこには蝦夷政策に大きな飛躍があったことがみて取れよう。

このように、改新後に仙台平野から大崎平野にかけての地域にいっせいにおかれた「柵」は、改新以前の王権の北方政策の継承と飛躍の両側面において評価する必要があると考える。初現期の「柵」に関する文献史料はきわめて乏しい。そもそも陸奥側の「柵」に関しては史料は皆無であるし、その機能についてもわずかに「蝦夷に備ふ」という記述が残されている程度である。この関係史料の乏しさと、柵＝トリデという固定観念から、これまでの初現期の「柵」に関する研究は、その軍事的機能を指摘する以外にはめぼしい成果をあげることができなかった。しかし本書で指摘したように、キあるいは「柵」は防御機能をもった外郭施設に着目した呼称であって、施設本体の機能を表現したものでは必ずしもないのである。そこで改めて、近年明らかになってきた考古学的な成果をふまえて初現期の「柵」の機能について考えてみたい。

まず最初に指摘すべきことは、やはり「柵」の軍事的機能である。「柵」が単なるトリデでないことは、現在の研究段階では自明のことといってよいが、もう一方で、当初から一定の軍事的機能をもっていたこともまた否定しがたい。それは、すでに述べたように、「蝦夷に備ふ」という記述に加えて、斉明朝の阿倍比羅夫《あべのひらふ》の遠征では「柵」付属の兵力が使われていることからも疑いのないところである。「柵」に付属した柵戸《きのへ》《さつこ》や柵養《きこう》蝦夷がその兵力の供給源となっていたことも間違いないであろう。改めていうまでもないが、軍事力の保持は蝦夷支配には不可欠のものであった。そのことを考古学的に示すのが、材木塀と大溝によって構成される「柵」の外郭施設である。

つぎに初現期の「柵」は、王権の東北地方への移民政策と一体のものであったことが明らかである。『日本書紀』によれば、渟足《ぬたり》・磐舟《いわふね》両柵の設置に際して「柵戸」が移配されたことが知られるし、このことが一般化できることは七世紀後半代の囲郭集落から必ず関東系土器がまとまって出土するということによって裏づけられる。この「柵戸」の移配は植民政策とみてよいが、具体的にはさきに指摘した軍事力の供給源としての意味をもっていたほかに、開拓農民という側面もあったであろうし、そのほか「柵」のもつさまざまな機能をになう要員という性格ももっていたと思われる。要するに、「柵戸」に一定の軍事的な意義があったことは認めなければならないが、ほかにもさまざまな性格をもっていたのであり、その軍事的性格のみを強調することは、初現期の「柵」のもつ多面的な性格を見失うことになってしまうと考える。

さらに「柵」は、その経済的側面に着目すれば、交易センターという性格を有していた。この点は、近年の考古学的調査の進展によってしだいに明らかになってきたことである。さきに、郡山遺跡をはじめとして、七世紀後半代の多くの囲郭集落で、東北北部の特徴をもつ土師器《はじき》が少数出土していることを指摘した。これは、出土量があまり多くないことから、一定数の人びとが東北北部から移住してきたという想定はしにくく、交易（朝貢も含む）などの目的で一時的に滞在していた人びとが残した遺物と解するのがよいと思われる。そうすると、初現期の「柵」を場として北方世界との交易がおこなわれていたことになるが、このことは「柵」の成立意義を考えるにあたってきわめて重要である。

さきに、古墳時代の前・中期ごろ（四〜六世紀前半）、宮城県中・北部から岩手県南部の北上川中流域にかけての地域に所在した拠点集落は、南北両世界をむすぶ交易センターとしての性格を有していたことを指摘した。さらに古墳時代後期（七世紀初頭前後）になると、それらの拠点集落の一つである南小泉遺跡に関東からの移民を主体とする囲郭集落が形成されるが、これは倭王権が、すでに形成されていた交易ネットワークの一角を抑え、そのことを通して蝦夷に対する朝貢制支配を拡大して、北方世界との交易にも一定の関与をしようとする政策であったとみられることも述べた。そうすると、改新後に倭王権によって設置された「柵」は、右のような歴史的展開のうえに立って、王権の交易センターをこれまでの仙台平野からさらに大崎・牡鹿地域にまで北進させ、蝦夷の朝貢制支配をより拡大しようとした、という側面もあったととらえることができると思われる。

城柵《じょうさく》の交易センター的側面は、これまでの東北古代史研究では、筆者も含めてあまり重視してこなかったが、近年の考古学的研究の成果をふまえると、この点は認識を改める必要があることを痛感している。古代の主要な城柵・官衙《かんが》遺跡は、ほとんどの場合、水運の便のよいところに立地しているが、さらに赤井遺跡では八世紀初頭ごろに掘削された運河跡が発見されているし、弘仁三年（八一二）に造営された徳丹《とくたん》城跡（岩手県矢巾町）でも北上川から運河を引き込んでいることが判明するなど、具体的に水運の利用を示す事例がふえてきている。これは、交易センターという性格が城柵・官衙の重要な機能でありつづけたことを物語るものであろう。

さらに「柵」には、官衙としての行政的機能も当然あったと考えられる。郡山遺跡がⅠ期・Ⅱ期官衙の段階にすでに官衙としての機能を有していたとみることには、ほとんど異論がないと思われるが、問題はそれ以外の「柵」(囲郭集落)にも官衙的性格を想定しうるかどうかということである。これまで、このタイプの囲郭集落は「官衙造営環濠集落」「官衙造営囲郭集落」、あるいは「特殊集落」などとよばれ、もっぱら集落の範疇でとらえられてきた。そしてこれらの集落が、つぎの段階(七世紀末～八世紀前半)に官衙としての性格をもつようになるというのが、考古学者のほぼ共通した見解である。官衙としての性格がしだいに明確になっていくというとらえ方には、大筋では賛成であるが、それまで集落であったものが、ある段階から官衙になるというとらえ方は、やや一面的ではないであろうか。この場合の「官衙」というのは、いわば考古学的に認識可能な定型的な官衙を指しており(多くの場合、コの字型などの規格性の高い政庁を有する)、そのような「官衙」が形成されるのは、確かにつぎの段階をまたなければならない。しかし改めて考えてみると、移民集団を主体とし、在地の蝦夷も部分的に取り込んで編成されたとみられる特殊な集落に行政的機能がまったく

図18　赤井遺跡の運河状遺構と材木塀(矢本町教育委員会提供)

なかったとは考えがたい。出自を異にする住民が同じ集落で生活をしていくためには、当然、統率者的存在が不可欠となってくるし、それにともなってさまざまな行政的な機能も必要とされるはずである。史料的にも、既述のように、越の都岐沙羅柵《つきさらのき》や渟足柵には柵造がおかれたことが知られる。

郡山遺跡のⅠ期・Ⅱ期官衙とそれ以外の囲郭集落は、同じ七世紀後半代の「柵」ではあっても、性格を異にすることは明らかで、一般の囲郭集落は郡山遺跡の下位におかれ、その支配を受けていたと想定されることはすでに述べた。それでは、文献上、柵造がおかれたことが明らかな都岐沙羅柵・渟足柵が、右の同時期の陸奥の二つのタイプの「柵」のいずれに属するのかということを考えてみると、渟足柵は郡山遺跡のタイプである可能性も否定できないが、都岐沙羅柵を郡山遺跡と同タイプの「柵」と想定することは無理であろう。そうすると、下位のタイプの「柵」にも柵造がおかれていたことになる。したがって、陸奥の郡山遺跡以外の「柵」（囲郭集落）にも柵造がおかれ、一定の官衙的機能を有していたとみることは十分に可能と思われる。これらの囲郭集落では、一般の集落と異なって、小型とはいえ掘立柱建物が多数検出されていることも、このような考えを裏づけるものであろう。初現期の「柵」は、すでに官衙としての機能を有していたが、それがまだ定型的な官衙となっていないので、考古学的に認識しにくいのである。

初現期の「柵」を、それ以前の倭王権による北方政策の継承と飛躍、あるいは連続と断絶の両面から把握すべきことを述べたが、それは「柵」の立地においても同様である。関東系土器を出土する囲郭集落には、村田晃一氏が指摘しているように、拠点集落の一角に形成されるばあいと、それまでほとんど集落のなかったところに形成されるばあいの、二類型があった。

前者としては南小泉遺跡と山王遺跡があげられ、郡山遺跡も、Ⅰ期官衙以前に関東系土器をともなう集落の存在が確認されているが、南小泉遺跡の囲郭集落の後身という側面も考えられるから、やはり前者の範疇に含めてよいであろう。また名生館《みょうだて》遺跡も、囲郭集落であることが判明すれば前者に含まれよう。

後者には一里塚遺跡、赤井遺跡など、ほかの七世紀後半代の囲郭集落が含まれる。したがってこれらの囲郭集落、初現期の「柵」の造営には、古墳時代に地域社会で自律的に形成された拠点集落を政治的に掌握するという継承の側面と、新たな場所に移民や在地住民を計画的に居住させて拠点を築くという飛躍の側面との両面があったのである。とくに後者のタイプの「柵」が少なくないことは、改新以降の蝦夷政策が、それ以前の倭王権の北方政策を継承しながらも、質的に異なる性格をもつものであったことをうかがわせる。この背後には、改新政権による国造支配の解体と全面立評という、地方支配の大きな転換があったのである。

城柵形成史からの視点

このように近年の考古学的な調査の進展によって、多賀城《たがじょう》などの定型的な城柵が成立するまでには、一世紀にもおよぶ前史があったことがしだいに明らかになってきた。その城柵の形成過程をたどると、これまであまり意識されてこなかった城柵のさまざまな側面が浮かびあがってくる。城柵は、単なるトリデでもなければ、単なる官衙でもないことがより明白になってきたといえよう。ここでは、それらの新たに提起されつつある問題を本格的に検討する余裕がないので、問題の所在を指摘して城柵研究の残された課題を提示しておきたい。

城柵の起源は、現在のところ、七世紀初頭前後の南小泉遺跡の大溝で区画された移民を主体とした集落にまでさかのぼるが、改新の直後からは、その移民集落の発展形態として「柵」が設置されるようになる。この初現期の「柵」には二つのタイプがあった。一つは中央直営の官衙的形態をとる郡山遺跡であり、もう一つが囲郭集落とよばれる材木塀と溝をめぐらした集落の形態をとるタイプである。両者は遺跡としての形態は大きく異なり、官衙タイプが集落タイプを統轄するという関係にあったと思われるが、関東からの移民と在地の住民（蝦夷）を付属し、軍事的機能に加えて官衙的機能も有し、さらには交易センターとしての性格も合わせもつ点では共通していたとみられる。

このような初現期の「柵」とコの字型の政庁を中心に構成される律令制下の定型的な城柵は、その形態は大きく異なっているようにみえるが、発生史的にみれば後者は前者の発展形態にほかならないわけであるから、その過程で初現期の「柵」の構成要素が定型的な城柵にどのように受け継がれていったのかという問題を考えてみる必要があろう。現在、考古学者のあいだでは城柵を官衙の一形態としてとらえることがふつうで、その官衙的な側面が強調されているが、発生史的にみれば城柵は特殊な性格をもつ集落に起源するわけであるから、もともと官衙的機能は副次的な要素にすぎず、城柵の形成過程でしだいに顕在化してくるとみることができる。このような視点は、城柵の官衙的性格の相対化につながり、ひいてはより多面的な城柵研究に道を開くことになっていくと思われる。なお初現期の「柵」には柵造がおかれたことを指摘したが、律令制下の城柵には国司のひとりが城《じょう》司《し》として派遣されていたことが明らかにされている。このような官制上の変化と、城柵における定型的な官衙の形成がどのようにかかわるのかを究明することも、今後の城柵研究の課題の一つとなろう。

もう一つ、城柵の形成史から提起される重要な問題がある。それは、囲郭集落ないし初現期の「柵」でもっとも重要な要素であった集落としての側面が、城柵の形成過程でどのように変化していったのかという問題である。この点もこれまでの研究で自覚的に取り上げられることはなかったと思われるが、城柵研究の重要な課題となろう。

最近、官衙タイプの初現期の「柵」である郡山遺跡でも、Ⅰ期・Ⅱ期の官衙城の西に接した西台畑《にしだいはた》遺跡・長町《ながまち》駅東遺跡で同時期の多数の竪穴住居と材木塀・溝によって構成される区画施設の一部が見つかり、ここが郡山遺跡に付属した集落域であったとみられるようになった（仙台市教育委員会「仙台市郡山遺跡他」『第三〇回古代城柵官衙検討会資料集』二〇〇四年）。初現期の「柵」には、官衙タイプのものも含めて必ず集落がともなうのである。

一方、律令制下の城柵でも、近年の調査で、多賀城外の南方から南西方向にかけての自然堤防上に九世紀初頭ごろに町並みが形成されてくることが判明して、城柵外の集落が注目されるようになったが、ほかにも宮崎町東山遺跡（推定賀美郡家跡）の南側に隣接した壇の越遺跡から東西南北の道路や材木列塀・大溝による区画施設をともなう集落が発見されているし、名生館遺跡でも官衙区域の南方に集落域がひろがっていることが明らかになってきている。律令制下の城柵にも、通常は城外であるが、集落域が付属することが一般的だったとみてよい。

城柵が移民をはじめとする一定数の住民を付属させた組織であることは、かつて拙稿で論じたように、多くの文献的根拠がある（拙稿、前掲「近夷郡と城柵支配」）。城柵に柵戸および柵養蝦夷ないし俘囚《ふしゅう》が付属することは、すでに本書でもふれた。そのほかにも天平九年（七三七）に鎮守将軍大野《おおの》東人《あずまひと》が出羽守田辺難波《たなべのなにわ》とともに秋田の出羽柵までの陸奥・出羽連絡路を開設しようとした際の難波の言に「軍を発して賊地に入るは、俘狄を教へ喩《こしら》へ、城を築《つ》き、民を居らしめむが為なり」（『続日本紀』同年四月戊午条）とあって、城柵の造営と民（＝柵戸）の移配が一体のものとして語られている。

また宝亀五年（七七四）、海道蝦夷の桃生《ものうじょう》城の襲撃によって三八年戦争の戦端が開かれるが、その翌年に「陸奥の蝦賊（＝蝦夷）騒動して、夏より秋に渉《わた》れり。民皆《たみ》塞《とりで》を保ちて、田疇《でんちう》荒廃す」として当年の課役と田租が免除されるということがあった（『続日本紀』宝亀六年三月丙辰条）。これによれば、蝦夷の反乱が収まらない夏から秋にかけて、塞（＝城柵）の周辺の民（柵戸ないしその子孫）が城柵に立て籠もってその防衛にあたっていることが知られる。彼らは城柵の庇護下にあると同時に、非常時には逆に城柵の防衛の重要な要員ともなったのであり、城柵に付属する民という関係がうかがわれる。

城柵の起源が囲郭集落にあるとすれば、律令制下の定型的な城柵が柵戸・俘因などの住民を付属するということも囲郭集落から引き継いだものとして理解することが可能となる。また城柵がもつ行政機能とは、このような城柵のもとに編成された住民の支配に関わることが中心となると理解される。さらに城柵か住民を付属する組織であったということは、その造営は、軍事拠点、あるいは官衙の設置という意義にとどまらず、在地社会の再編という意義をもつことになる。しかもそれは城柵が設置された地域にとどまらず、大量の柵戸の供給元であった東国社会や、城柵のもとに組織された蝦夷の出身地にもおよんだことに注意すべきである。城柵の設置は広汎な地域社会に大きな影響を及ぼしたのである。

城柵の形態と機能の多様性

近年の発掘調査でとくに筆者の興味をひくのは、桃生《ものう》城と伊治《これはり》城である。両城の調査成果はこれまでの城柵のイメージに変更を迫るような注目すべき知見を含んでいる。

天平宝字三年（七五九）に海道の前線の城柵として造営された桃生城は、『続日本紀』に「大河を跨《こ》え峻嶺を凌《しの》ぎ、桃生柵を作りて賊の肝胆《きも》を奪ふ」（天平宝字四年正月丙寅条）と形容されているように、比較的急峻な丘陵に造営された城柵で、宮城県河北《かほく》町から桃生町にかけての丘陵上で遺跡が発見されている。外郭線は、直線部分もある程度みられるが、全体としては地形に制約された不整形で、しかも政庁を取り囲む内郭の外側にさらに複郭が取りつくという独特の形態をとっていた。

『続日本紀』の三八年戦争の勃発《ぼっぱつ》を伝える記事でも、海道の蝦夷が「桃生城を侵してその西郭を敗る」（宝亀五年（七七四）七月壬戌条）と、桃生城に「西郭」があったことを伝える。外郭の構造は築地《ついじ》や材木塀ばかりでなく、土塁《どるい》も用いられている。西郭（西側の複郭）の西北隅では、現状で三条の土手状の高まりが認められるが、そのうちもっとも内側の高まりは土塁と築地が重複していて、築地→土塁と変遷することが確認された。外側の二条はいずれも土塁で、しかも報告書の所見では同時に存在したとみている（宮城県多賀城跡調査研究所『桃生城跡』Ⅳ〈多賀城関連遺跡発掘調査報告書第二一冊〉一九九六年）。そうであれば、桃生城の西郭には二重の土塁で厳重に防御された時期があったことになる。さらに二〇〇三年の調査で、これまで判明していた西郭に加えて、東側にも複郭が取りつく可能性がでてきた。複郭部分には官衙や集落域が存在していた可能性が考えられる。

神護景雲元年（七六七）に山道の蝦夷に備えるために造営された伊治城でも興味深い事実が解明されつつある。伊治城跡は宮城県築館《つきのだて》町の一迫《いちはさま》川と二迫《にのはさま》川にはさまれた河岸段丘上に立地するが、もっとも外側に土塁で構築した不整形の外郭をめぐらし、その内側に築地と推定される平行四辺形状の内郭を築き、さらにその中央部に政庁を置くという三重構造をとっていることが解明された（図19）。しかも外郭の土塁は二条確認されている。桃生城の例を参考にすると、二条の土塁は同時に存在した可能性が高い。また外郭内は溝状遺構によって南北に二分され、北半部が竪穴住居から構成される居住域、南半部が掘立柱建物が建ち並ぶ官衙域という使い分けがされていた可能性が考えられている（千葉長彦・後藤秀一「伊治城跡発掘調査の成果」『第二七回古代城柵官衙遺跡検討会資料』二〇〇一年）。

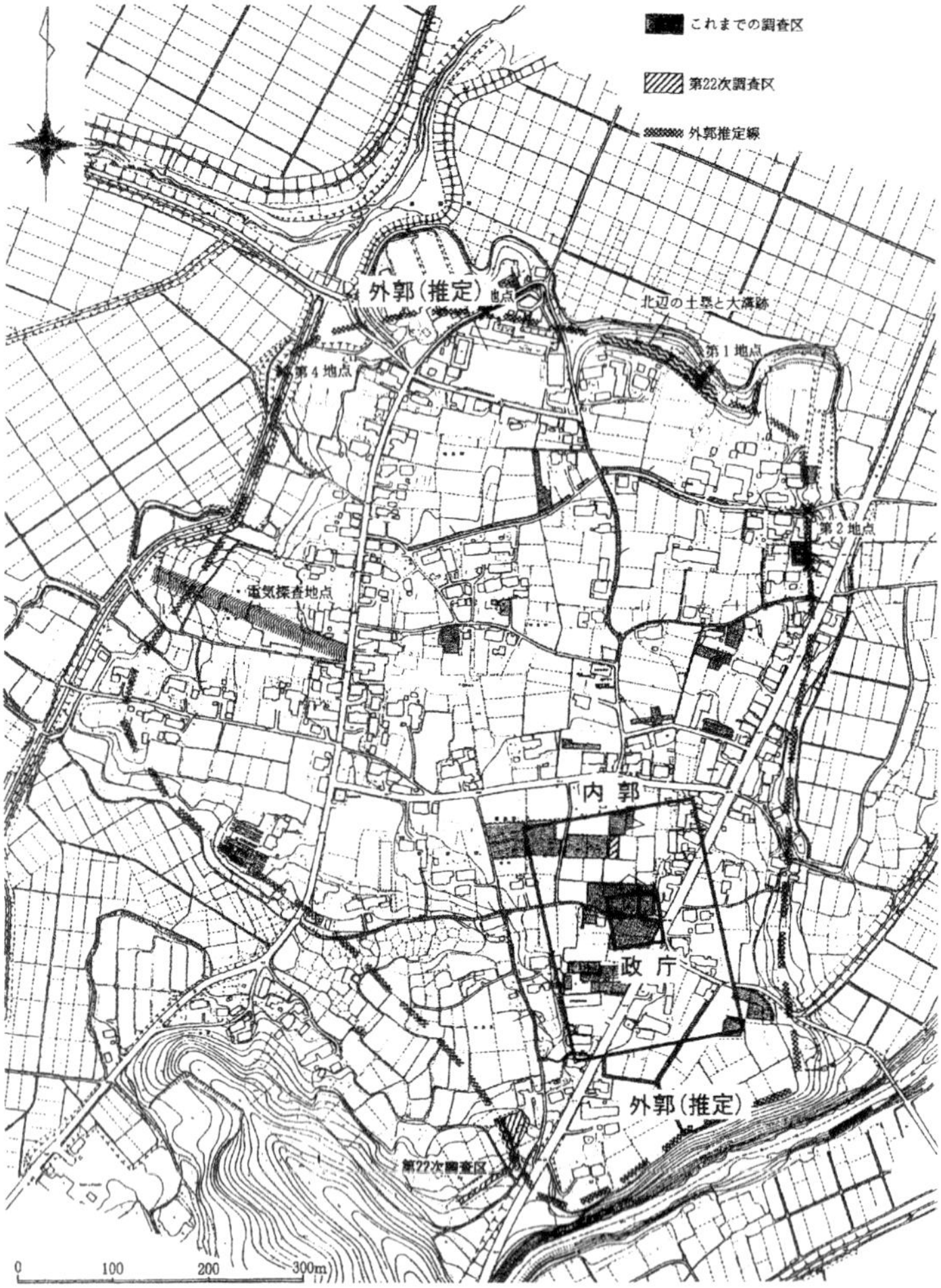

図19　伊治城跡平面図（築館町教育委員会『伊治城跡―平成7年度・第22次発掘調査報告書―』築館町文化財調査報告書第9集，1996年に加筆）

八世紀後半に相ついで構築された桃生城と伊治城は、いずれも海道と山道の最前線の城柵であった。現に桃生城は宝亀五年（七七四）に海道の蝦夷の襲撃を受けて陥落してしまい、その後は二度と再建されなかった可能性が高いし、伊治城も宝亀十一年（七八〇）に起きた伊治公呰麻呂《これはりのきみあざまろ》の乱の舞台になっている。両城柵とも、そのような緊迫した、もともと蝦夷の居住地であったところに、律令国家が軍事力を背景に造営を強行した城柵なのである。前者の複郭構造や、後者の三重構造、また両者ともに外囲いに二重の土塁を用いた可能性が高いこと、さらに伊治城では外郭内に居住区域が取り込まれており、桃生城でもその可能性が高いことなどは、すべてこのような両城柵の戦略的な立地に規定されているとみるべきであろう。

ただ城柵形成史という観点からみると、両城柵についてさらに別な側面からの評価も可能になってくると思われる。本書では、城柵は当初から、郡山遺跡のように方形の規格性が顕著な官衙的形態をとるタイプと、区画施設のなかに居住域を取り込んだ集落形態をとるタイプとの二類型があったとみるべきことを指摘したが、この類型は律令制下の城柵にも引き継がれているとみることが可能と思われる。すなわち、前者の系列に属するのが多賀城・胆沢城《いさわじょう》・城輪柵《きのわのさく》跡などの国府や鎮守府《ちんじゅふ》がおかれた規格性の高い城柵であり、後者の発展形態が桃生城や伊治城などの前線の城柵であったとみるのである。

また延暦二十二年（八〇三）に造営された陸奥国最北の城柵である志波城《しわ》は、一辺約八四〇メートルの築地が方形にめぐる構造をとるが、外郭線のすぐ内側を中心に二〇〇〇棟にもおよぶ竪穴住居が建ち並んでいたとみられる。方形の外形をとりながら、内部に居住域を取り込んでおり、いわば二つの系列の折衷型である。

また別な意味で両系列の折衷型とみられるタイプも少なからず存在する。たとえば、宮城県加美町《かみ》の東山遺跡は丘陵上に不整形の築地がめぐり、城柵的形態をとるが、丘陵の下には東西二キロ、南北一・五キロにわたって、東西・南北の道路によって碁盤の目状に区画された居住域が発見されているし、（壇《だん》の越《こし》遺跡）、同じく不整形の新田柵《にいたのき》跡でも、外郭の北側の隣接地で関連すると思われる集落遺跡が見つかっていて、やはり外郭線の外側に居住域がひろがっていた可能性がある。

このように、コの字型の政庁を中心とした定型的な城柵の成立後も、城柵は多様な存在形態をとっており、決して多賀城によって代表されるような外郭が方形にめぐる規格性に富んだタイプが大多数を占めるわけではないのである。

初現期の「柵」の段階から律令制下の城柵への発展過程において、多くの城柵では居住域が城外に形成されるようになるとともに、城柵の官衙的性格が顕在化し、政庁や区画施設の規格性も高まるという傾向が見られるが、もう一方で初現期の「柵」と同様に外郭の内部に居住区を取り込んだタイプの城柵も存在するし、外郭の形状が自然地形を利用した不整形をとるものや、外郭施設の構造についても材木塀や築地以外に土塁を用いているものがあるなど、律令制下の城柵が思いのほか多様な存在形態を示すことがしだいに明らかになってきている。これは、城柵がさまざまな機能を有していたことの反映にほかならないと思われる。

城柵と南北両世界の交流

さらに城柵形成史からより明確になるのは、城柵が古墳時代の交易センターの後身という側面をもっていたことである。この点についてはすでに関説しているが、さらに敷衍《ふえん》すると、城柵は、古墳時代に水系ごとに存在していた拠点集落が相互に結びついて形成していた交易ネットワークの機能を引き継ぐという側面があったということになろう。

南小泉遺跡に囲郭集落が出現する古墳時代後期に、倭王権は北方世界と古墳社会の間に自律的に形成されていた交易ネットワークの掌握に乗り出すが、改新後、王権はさらに「柵」を南北両世界の境界にあたる宮城県中北部各地に設置し、ここを拠点として各地の蝦夷集団との間に朝貢制的な政治関係を結び、朝貢制を媒介とする交易を盛んにおこなったと考えられる。

倭王権が同様の関係を日本海側でも拡大していったことは、斉明紀にみえる越の蝦夷の朝貢記事や、阿倍比羅夫《あべのひらふ》の遠征記事、さらには渟足・磐舟・都岐沙羅柵の存在などからも知られる。宮城県内で発見されている初現期の「柵」には、斉明朝（六五五〜六六一）に造営されたものも、当然いくつか含まれているであろう。

初現期の「柵」を含む城柵が交易センターとしての機能もそなえていたということは、城柵が蝦夷の朝貢《ちょうこう》を受ける場となっていたということにとどまらず、城柵を媒介として南北両世界のヒトとモノの交流が展開していったということをも意味する。城柵は蝦夷の支配、抑圧のための機関という性格をもつが、それと同時に蝦夷社会に倭人社会の文物をもたらし、よきにつけ、あしきにつけ、その文化や社会の変革の原動力となる存在でもあったといえよう。

蝦夷の朝貢を上京朝貢と地方官衙朝貢の二つに分類した今泉隆雄氏は、この二つの形態は「政治的隷属度の強弱に対応して行なわれた」もので、「中央政府の支配が進展した地域」の蝦夷が京まで朝貢したのに対し、「奥地にあって、中央政府との間に十分な支配・隷属関係が形成されていない」蝦夷は城柵などの地方官衙に朝貢したと解している。また二つの形態では、「七・八世紀においては、上京朝貢が基本的なもので、地方官衙朝貢は二次的なものと考えられ」、「宝亀五年の前者の停止によって、九世紀には後者が重要な位置を占めるようになる」という（「蝦夷の朝貢と饗給」前掲『東北古代史の研究』）。しかし筆者は、このような蝦夷の朝貢の理解には、率直にいって違和感を覚える。上京朝貢と地方官衙朝貢を隷属度の強弱から理解する点は、津軽や渡嶋《わたりしま》の蝦夷が上京朝貢をおこなっている例があるし（『日本書紀』斉明紀元年七月己卯条、『扶桑略記』養老二年八月乙亥条）、蝦夷よりもさらに遠方の化外《けがい》の民《たみ》である粛慎《あしはせ》さえも倭京まで朝貢してきているので（『日本書紀』斉明紀六年五月条）、したがいがたい。

また今泉氏は七～八世紀をとおして上京朝貢の方を基本的とみてみるが、筆者は、基本的といえるのは、むしろ一貫して国府・城柵への朝貢の方であったと考える。今泉氏は、国府・城柵への朝貢を示す史料が少ないことから右のごとく考えたのであるが、このような史料はもともと正史には記録されにくいものであるから、根拠としては弱い。職員令70大国条に、陸奥・出羽・越後の国守に固有の職掌の一つに「饗給《きょうごう》」（蝦夷への賜饗・賜禄。大宝令では「撫慰」）が掲げられていることと、コの字型の建物配置をとる城柵の政庁が朝貢してきた蝦夷に関わる儀礼や饗宴の場として使用されたとみられることも合わせ考えれば、城柵への蝦夷の朝貢が恒常的におこなわれていたことを想定することは十分に可能であろう。

さらに、近年、郡山遺跡Ⅱ期官衙の政庁正殿とみられる建物の北側で発見された方形の池は蝦夷の服属儀礼に関係すると推定されているが、そうであれば蝦夷が郡山遺跡に朝貢してきていたことになるし、前述のように郡山遺跡をはじめとして、多くの初現期の「柵」遺跡から東北北部の特徴をもつ土師器《はじき》が出土していることも、これらの施設への蝦夷の朝貢を考古学的に示唆するものである。さらに、数は多くないが、国府・城柵への朝貢を示す史料が存在する（『続日本紀』霊亀元年十月丁丑条、同宝亀十一年五月甲戌条、『類聚国史』巻一九〇俘因延暦十九年五月戊午条、『類聚三代格』延暦二十一年六月二十四日官符など）こともふまえると、当初から国府・城柵への朝貢こそが蝦夷の朝貢の基本形態であったとみてよいと思われる。

一方、王都への朝貢は、服属儀礼をおこなわせたり、朝賀などの儀礼に参列させ、さらには授位・賜物などをおこなうことを主目的とするものであった。いわば「小帝国」としての古代国家の支配秩序を官人や都の人びとに可視的に示して王権の権威を高めようとしたもので、政治的セレモニーとしての性格が濃厚である。すなわち蝦夷の朝貢にみられる二つの形態は、それぞれ異なった性格、機能をもっていたとみるべきで、国府・城柵などの官衙への朝貢が基本的、恒常的なものであったのに対し、王都への朝貢はそのような朝貢を通じて形成、維持される王権と蝦夷の朝貢制的な支配関係を、王都でおこなわれる儀礼を通して人びとに視覚的に示すことを主目的とした、政治的、象徴的な性格をつよくもっていたと理解するのがよいと思われる。

このように城柵は、その初期の段階から蝦夷の朝貢制支配の拠点であったとみるべきであり、それは古墳時代の拠点集落が有していた交易センターという性格を引き継いで、それを王権の権威と武力を背景に服属させた蝦夷の朝貢を受け入れる官衙として再構築したという側面があったのである。したがって城柵（初現期の「柵」も含む）は、それが設置された地域の柵戸・蝦夷を支配するだけでなく、服属して王権との間に朝貢関係を結んだ遠方の蝦夷の〝朝貢センター〟という機能も有していた。朝貢が経済的には交易という性格をもつものであることは、あらためていうまでもないであろう。ただし注意しなければならないのは、このような政治関係はあくまでも王権への服属を前提としており、交易という経済行為はそのような政治関係に随伴した形でおこなわれたということである。

日本海側では、すでに斉明朝段階に齶田《あぎた》・渟代《ぬしろ》・津軽・渡嶋などの遠方の蝦夷が服属している（ただし、なかには服属が一時的であった蝦夷集団も含まれる可能性がある）。また太平洋側でも、さきに取り上げたように、霊亀元年（七一五）に閇村《へむら》（岩手県宮古市付近）の蝦夷須賀君らは、先祖のときから陸奥の国府に昆布を貢献してきたと述べているし、天平九年（七三七）の陸奥出羽連絡路の開設にあたって「帰服《きふく》の狄《てき》」の和我君計安塁《わがけあるい》（和我君は現在の岩手県北上市付近の蝦夷系豪族）が政府軍の使者として山道の蝦夷の鎮撫につかわされているなど、八世紀前半段階までにかなり北方の蝦夷集団まで服属していたことがうかがわれる。さらに三八年戦争で頑強に中央政府軍に抵抗した蝦夷の族長である阿弖流為《あてるい》と母礼《もれ》も、それぞれ大墓公《おおはかのきみ》と盤具公《いわとものきみ》という姓をもっていたから、彼らの一族は戦争勃発以前の奈良時代には律令国家に服属して公（君）姓を授かっていたとみてよい。

このようなことから筆者は、奈良時代の半ばころまでには、東北北部の大部分と北海道の一部の蝦夷集団は律令国家の朝貢制的支配のもとに組み込まれていたのではないかと考えている。この点はさらに機会を改めて検討を加えてみるつもりであるが、このような広範囲の蝦夷との朝貢関係の維持を可能としたものこそ、城柵の〝朝貢センター〟としての機能であったと考えられる。ただし朝貢制支配は、かつて拙稿でも述べたように、いわば点的な支配体制であり、互酬性的性格をつよくもつルーズなものであったので、王権と蝦夷集団との関係が対立的になると容易に破棄され、敵対関係に転化しうるものであった（拙稿、前掲「阿倍比羅夫北征記事の基礎的考察」）。実際に、八世紀後半に三八年戦争が勃発すると、律令国家の朝貢制支配体制はいっきょに瓦解してしまい、戦後に異なった形態で蝦夷支配の体制が再構築されると考えられるが、この点も別の機会に取り上げることにしたい。

このように、古代王権が北方世界との境界領域に設置した城柵は、蝦夷支配の拠点であったばかりでなく、南北両世界のヒトとモノの交流の拠点でもあった。城柵がいかに蝦夷文化の形成に重要な役割をはたし、蝦夷社会の存在形態を規定していたかは、囲郭集落が仙台平野に出現し、ついで初現期の「柵」が仙台平野から大崎平野にかけて設置されていく七世紀が続縄文文化から擦文《さつもん》文化への移行期にあたっていて、土師器文化の影響が遠く北海道にまで顕著におよぶようになり、カマドを付設した竪穴住居が東北北部の馬淵《まべち》川流域にまでひろがっていくなど、南の文化が急速に北方世界へ浸透していく時期であるし、弘仁三年（八一二）の徳丹城《とくたんじょう》の造営を最後に新たな城柵の設置がおこなわれなくなる九世紀前半以降は北海道の擦文文化が独自性をつよめていき、さらに城柵があいついで消滅する十世紀半ば以降になると、城柵が設置された地域よりも北の東北北部から道南にかけての地域に、蝦夷社会の自律的活動の高まりを示すと思われる、いわゆる防御性集落がいっせいに出現することなどからもうかがわれよう。

文献史料からみえてくる蝦夷の文化

蝦夷の戦闘能力と蝦夷社会

蝦夷文化研究の課題

さきに《蝦夷文化の形成》の章において、主として考古資料から蝦夷文化の形成過程を概観し、考古学的な蝦夷文化の研究に存在するいくつかの問題点を指摘した。それは要するに、考古資料によって認識できる事象が土器に代表される物質文化偏重という特質があるという点と、蝦夷文化のなかでも物質文化の分野は、伝統を重んじる喪葬や信仰などの精神文化の分野にくらべると南方の倭人文化の摂取が比較的はやく進んだという点から、考古学的蝦夷研究においては蝦夷文化における南方的要素（土師器《はじき》・須恵器《すえき》、竪穴住居、稲作農耕、鉄器など）が大きく評価される一方で、伝統的、北方的要素が相対的に検出しにくいということ、また物質文化のなかでも狩猟に関しては、考古学的に認識がむずかしいということに加えて、東北古代史研究が背負ってきた固有の状況からタブー視されてきた面があり、研究が非常に立ち遅れているということなどである。

もちろん、文献史料による蝦夷研究にもさまざまな限界がある。最大の問題は、文献史料のほとんどすべてが蝦夷自身が残したものではなく、都の貴族や、それに連なる支配層に属する倭人が残したものに限られるということである。彼らは多かれ少なかれ、中国から受容した中華思想の影響を受けていたから、倭国・日本国の周縁の住民であった蝦夷を「化外《けがい》の民《たみ》」として認識し、ことさらに野蛮視する志向性をつよくもっていた。そこで彼らは蝦夷のなかの倭人と異質な面につよい関心をもち、記録にとどめるということをしたのである。

したがって基本的には、このような彼らのもっていたイデオロギーや価値観のフィルターを透過したものだけが蝦夷に関する文献史料として残されているということになる。そうはいっても蝦夷に関する史料には多様なものが含まれていて、彼らが抱いていた観念的な蝦夷観を直截に記述したものもあれば、蝦夷を支配したり、軍事作戦を遂行する必要性などから比較的客観的に彼らの行動や生活の一端を記録したものもある。いずれにしても、全体として蝦夷に関する文献史料は倭人とは異質な面についての記述が多く残されるという傾向があることは否定できず、それに立脚した文献史学の立場からの研究は、蝦夷の異質な面を過大に評価しがちであるということは自戒しておかなければならない。考古資料とはまさに対照的である。

このように、考古学的蝦夷研究にも、文献史料による蝦夷研究にも、それぞれの学問が立脚する史・資料がもともともっている特性に由来する研究の限界が厳然として存在するのである。したがって蝦夷研究においては、おのおのの研究者が自己の立脚する学問の特質と限界を明確に自覚する必要があり、そのうえで自己の分野の研究をいっそう進めるとともに、隣接分野の研究成果をも援用しないかぎり、蝦夷文化や蝦夷社会の全体像を構築することはとうてい不可能であるといってよい。

そこでここでは、現在の蝦夷研究において、筆者がもっとも研究が立ち遅れていると考える狩猟に関係する問題を取り上げて、現在、研究者の間にひろく受け入れられている蝦夷像の再検討の足がかりとしたい。また、以下に取り上げる事象は、いずれも考古資料からは認識しにくいと思われることなので、とくに考古学者への問題提起ともなれば幸いである。

弓馬の戦闘　既述のように、蝦夷を〃五穀を知らない狩猟民〃と喧伝《けんでん》してきた律令国家も、遅くとも八世紀の末までには、蝦夷が農耕をおこなっていたことを認めるようになる。延暦六年（七八七）正月二十一日官符に「鉄は亦た敵の農器を造る」とあることはさきに引用したが、ほかにも『続日本紀』延暦八年六月庚辰条に「蠢爾《しゅんじ》とある小寇（愚かで取るに足りない敵＝胆沢《いさわ》地域の蝦夷をさす）、且《しばら》く天誅を逋《のが》ると雖《いへど》も、水陸の田、耕し種《う》うること得ずして、既に農《たつく》る時を失へり」と、より具体的に記されているように、胆沢地域の蝦夷が水田・陸田の耕作をおこなっていたことは、中央政府側もはっきり認識していた。これらのことからも、少なくとも八〜九世紀ごろには、東北北部でも稲作農耕をおこなっていた蝦夷が多数いたことは疑いない。この点を前提にしたうえで、以下では蝦夷と狩猟の関係に焦点を合わせて検討を加えてみることにする。

蝦夷関係の文献史料のなかでひときわ目を引くのが、蝦夷が高い戦闘能力を有していて中央政府軍を苦しめたという記述が少なくないことである。蝦夷を王化《おうか》にしたがわない〝野性獣心〟のもち主とさげすんでいた中央貴族も、蝦夷の勇猛果敢さには一目置かざるをえなかったのである。

たとえば『続日本後紀』承和四年（八三七）二月辛丑条には、蝦夷が勇猛果敢なことが「弓馬の戦闘は、夷獠（＝蝦夷）の生習にして、平民の十、其の一に敵する能はず」と語られている。「獠」とは狩人のことなので、「夷獠《いりょう》」は直訳すれば蝦夷の狩人という意味になるが、この「獠」がどれだけ蝦夷の実態をふまえた表現であるかは不明なので、ここでは単に蝦夷の意に受け取っておくことにする。この史料は、蝦夷はまず「平民の十、其の一に敵する能はず」とあるほどの高い戦闘能力を保持していること、つぎにその戦法は「弓馬」、すなわち騎馬をもちいた弓術に秀でていたこと、そしてそれは蝦夷の「生習」、すなわち生まれながらの習性であったことなどを語っている。三八年戦争のただなかの天応元年（七八一）には、「伊佐西古《いさせこ》・諸絞《もろくり》・八十嶋《やそしま》・乙代《おとしろ》等は賊の中の首にして一以て千に当る」（『続日本紀』同年六月戊子朔条）と、やはり敵将の勇猛さが特記されている。

さらに、のちに取り上げるように、貞観十一年（八六九）には、新羅の海賊にそなえて大宰府に配備した統領・選士が劣弱で役に立たないので、かわりに諸国に移住させた俘囚《ふしゅう》を徴発して大宰府管轄下の要所に配備しているが（『類聚三代格』同年十二月五日官符）、これなどは、蝦夷が自分たち固有の土地を守るということで士気が高かったということだけでなく、元来、勇猛果敢で、一般の倭人より戦闘能力が高かったことを示す史料といえよう。貞観九年（八六七）に伊予国宮崎村の海賊の追捕《ついぶ》に俘囚を募っている（『日本三代実録』同年十一月十日乙巳条）のも、同様のことを物語る史料である。

また元慶七年（八八三）に上総国市原郡の俘囚三十余人が反乱を起こしたときには、国司はただちに諸郡から一〇〇〇人の兵士を徴発して追討にあたらせたが、俘囚は百姓の廬舎に火を放ち、山中に逃げ込んだので、あわてた国司はさらに数千の兵士の動員を中央政府に要請して、「是の俘夷は、群盗の罪を懼《おそ》れて逃竄《とうざん》（逃げかくれる）するものなり。況《いは》んや卅《ママ》余人の偸児《とうじ》（盗賊）に、何ぞ以《もつ》て羽檄《うげき》（危急の知らせ）を馳せるに足らんや」とたしなめられている（『日本三代実録』同年二月九日丙午条）。この上総国司の過剰反応も、俘囚の戦闘能力の高さが背景となっているとみられる。

ここで筆者がとくに注目したいのは、さきの『続日本後紀』の記事に「弓馬の戦闘は、夷獠の生習」とあるように、蝦夷の戦闘能力の高さが彼らの習俗、すなわち生活文化と結びついていると認識されていることである。そこでここでは蝦夷が一般の倭人をしのぐ戦闘能力をもっていたことを手がかりにして、彼らの生業や社会構造について考えてみたい。

蝦夷の武器——蕨手刀か弓矢か

《末期古墳の形成》の項（六一ページ）でふれたように、東北地方から北海道にかけて多く出土する蕨《わらび》手《て》刀《とう》という刀がある。柄頭《つかがしら》の形状が早蕨《さわらび》に似ていることからこうよばれるが、東北地方、とくに岩手県に多く分布するところから、「蝦夷の刀」とされることもある。石井昌国氏は蕨手刀に柄《つか》や刃《は》に反《そ》りのあるものがあることに着目して、これを日本刀の祖型に位置づけた（『蕨手刀—日本刀の始源に関する一考察—』雄山閣、一九六六年）。近年、下向井龍彦氏はこの説を発展させて、蕨手刀の特徴である反りと共鉄柄《ともかねつか》（刀身と柄が一体のつくり）は馬を疾駆させながら斬りつけたときの衝撃に耐えて深く斬り込むことを可能にするもので、「蝦夷騎馬戦士の強さの秘密の一つは、疾駆斬撃戦を可能にする蕨手刀にあった」とし、さらに中世武士の騎馬個人戦術は蝦夷、あるいは諸国に移配された俘囚から学び取った疾駆斬撃戦術を高度化させたものとみて、蕨手刀を用いた蝦夷の騎馬戦術が武士の成立に決定的に重要な役割を果たしたことを論じている（「武士形成における俘囚の役割―蕨手刀から日本刀への発展／国家と軍制の転換に関連させて―」『史学研究』二二八号、二〇〇〇年）。

この下向井氏の説は刺激的で興味深いものであるが、実証的にみた場合、いくつかの問題がある。

まず蕨手刀に関して、下向井氏はこれをもともと「蝦夷騎馬戦士の刀」ととらえ、関東以西で出土する蕨手刀を俘囚の刀とみているが、八木光則氏は蕨手刀を「蝦夷の刀」と限定的にみることに批判的である（「蕨手刀の変遷と性格」『考古学の諸相』坂詰秀一先生還暦記念会、一九九六年）。石井氏の研究をふまえた八木氏の編年によれば、蕨手刀が最初に出現するのは東国の福島・群馬・長野県あたりで、ついで西国に伝播《でんぱ》し、東北にひろがったのはその後であるという。そうすると、蕨手刀はもともと蝦夷の刀として誕生したものではないばかりか、西国出土の蕨手刀は俘囚と結びつくとはかぎらないし、東北地方でも宮城県の南部や福島県は蝦夷の居住地ではないから、そこから出土している蕨手刀も蝦夷の刀ではないということになる。さらに出羽では蕨手刀の出土例が少ないので、蝦夷が一律に蕨手刀を所持していたともいえないことになろう。ただ、現在の岩手県域を中心にした蝦夷集団の間で蕨手刀が特異な発達を遂げることは認めなければならない。

また文献史料からみても、蝦夷の戦法に刀が主要な武器として登場するようなことは見いだせない。たとえばさきの『続日本後紀』承和四年の記事には「弓馬の戦闘は、夷獠の生習」とあり、蝦夷は弓矢と騎馬の戦闘に秀でているとされている。また実録的な戦闘記録においても、延暦八年（七八九）に紀古佐美《きのこさみ》率いる政府軍が巣伏村で阿弖流為《あてるい》軍に大敗したときの政府軍の被害は「官軍の戦死せるひと廿五人、矢に中《あた》れるひと二百卌五人、河に投《い》りて溺れ死ぬるひと一千卅六人、裸身にして游《およ》ぎ来るひと一千二百五十七人」とあって（『続日本紀』延暦八年六月甲戌条）、蝦夷軍の放った矢にあたって負傷した兵士が特記されている。さらに元慶二年（八七八）に勃発した元慶《がんぎょう》の乱では、四月二十一日の戦闘で政府軍が奪い取った蝦夷軍の武器・武具は弓三一・靫《ゆき》（矢を入れ、背負うる武具）二五・襖《おう》一七領であったという（『日本三代実録』元慶二年六月七日辛未条）。

このいずれの場合からも、蝦夷の主要な武器とみられるのは弓矢であり、刀剣には触れられていない。ただし、右の『日本三代実録』の記事の六月七日の戦闘の部分には、「俄《には》爾《か》にして賊に遇ひ、剣を抜きて相闘ひ、首を斬ること二級」とあり、ついで五人の蝦夷との戦闘となって「三人を射殺し、鞍馬・弓矢・靫・剣等の物を奪ふこと数有り」と記されていて、刀剣が武器として使われたことも知られる。これらの史料を総合すると、蝦夷が戦闘で用いた主要な武器はやはり弓矢であって、刀剣は補助的な武器にとどまるとみるべきであろう。

蝦夷の弓矢と狩猟

蝦夷の最大の武器が弓矢であったことが確認できたが、問題はなぜ蝦夷が一般的に弓術に秀でていたのかということである。「弓馬の戦闘は、夷獠の生習」といわれるが、つぎに掲げる『陸奥国風土記』逸文の説話は、蝦夷の用いていた弓矢が狩猟用のものであったことを伝える点で興味深い。

纏向《まきむく》の日代《ひしろ》の宮に天の下知らしめしし天皇（景行天皇）、日本武《やまとたける》の尊《みこと》に詔《みことのり》して土知朱《つちくも》を征討《う》たしむ。土知朱等力を合せて防禦《ふせ》ぐ。また津軽の蝦夷と謀《はか》り、許多《ここだ》くの猪鹿《さつ》弓・猪鹿矢を石城《いはき》に連ね張りて官兵を射れば、官兵進《すす》むこと能《あた》はず。日本武の尊、槻《つき》弓・槻《つき》矢を執《と》り執《と》らして、七発《ななさ》に発《はな》ち、八発に発つ。（『陸奥国風土記』逸文八槻郷条）

ヤマトタケルが用いたという「槻弓・槻矢」は、けやき製の通常の弓矢のことであるが、ツチグモと津軽の蝦夷が用いたという「猪鹿弓・猪鹿矢」とは狩猟用の弓矢をさす。この説話は、蝦夷が戦闘で狩猟用の弓矢を使用していたことを示唆するが、斉明紀四年（六五八）四月条では、齶田《あぎた》の蝦夷恩荷《おが》が比羅夫《ひらふ》軍の前で、「官軍の為の故に弓矢を持たず。但し奴等《やつこら》、性《ひととなり》肉を食ふが故に持てり。若《も》し官軍の為に、以て弓矢を儲けたらば、齶田浦の神知りなむ」と誓ったとされていて、ここからも、蝦夷がつねに狩猟用の弓矢を携行していたことがうかがわれる。これらのことから、蝦夷は狩猟用の弓矢をそのまま戦闘に用いていたとみてよいであろう（大林太良「民族学から見た蝦夷」『日本古代文化の探究・蝦夷』社会思想社、一九七九年）。そうすると蝦夷が狩猟用の弓を戦闘にも用いたのは、日常生活のなかで身につけた弓矢の技能をそのまま戦闘に利用したということを意味することになる。すなわち彼らが弓術に長《た》けていたのは、それが彼らの生活文化に根ざしていたからなのである。したがって蝦夷が弓矢の技能に秀でていたのは、彼らの生業のなかで依然として狩猟が一定の重要性をもっていたことを示すとみることができよう。

また蝦夷の弓は、倭人の使用した弓よりも短い弓であったらしい。『吾妻鏡』元仁元年（一二二四）二月二十九日条には、越後の寺海浦に漂着した高麗人の弓が「頗《すこ》ぶる短し。夷弓に似たり」とあり、蝦夷の後裔であるエゾの用いていた弓は短弓であったことが知られる。また山形市嶋遺跡からは、七～八世紀の全長九〇センチの短弓と全長一メートル余の短い丸木弓の一部が出土している（『山形県史』資料篇一一　考古資料）。これらのことから相田洋氏は、当時の倭人の弓が二メートルをこえる長さであったのに対し、蝦夷の使用していた弓は一メートルほどの短弓であったと推定し、さらに北東アジアの挹婁《ゆうろう》や勿吉《もつきつ》の弓が短弓であったところから、蝦夷の短弓はこれらの文化の影響を受けたという可能性を考えている（相田洋「エミシの文化と東北アジアの文化」『中嶋敏先生古稀記念論集』上、汲古書院、一九八〇年）。蝦夷が用いた狩猟兼戦闘両用の弓は、倭人の弓とは系統を異にする北方系の短弓であった可能性が高いのである。

騎馬戦法と馬飼

蝦夷が「弓馬の戦闘」に秀でていたとされることはさきに取り上げたが、実際にも、延暦十三年（七九四）の征討の戦果を、征夷将軍大伴《おおともの》弟麻呂《おとまろ》は斬首四五七級・捕虜一五〇人・獲馬八五疋・焼き討ちした集落七五ヵ所と報告しているように（『日本紀略』延暦十三年十月丁卯条）、三八年戦争に際して蝦夷が馬を戦闘に用いていたことが確かめられるし、さきほど引用した元慶の乱関係の記事にも、「三人を射殺し、鞍馬・弓矢・靫《ゆき》・剣等の物を奪ふこと数あり」とあり、このとき反乱を起こした蝦夷も弓矢とともに馬を用いていたことが知られる。また『続日本後紀』承和四年四月癸丑条では「四五月は所謂馬肥《こ》え、虜（=俘囚、蝦夷）驕たる（勇み立つ）時なり」とあって、蝦夷の活動が活発になるのが馬が肥壮となる四・五月ごろとされているのも、蝦夷が騎馬戦法を得意としていたことに関連しよう。このように蝦夷は、倭人にくらべて弓矢を用いた騎馬戦に長けていた、すなわち騎射を得意としていたのである。

蝦夷の弓矢の技術は狩猟によってつちかわれたものであることをみたが、騎馬の技術は蝦夷が営んでいた馬飼《うまかい》（牧馬）と無関係ではなかろう。つぎに掲げる史料などから、馬飼は蝦夷の重要な生業であって、蝦夷は日ごろから馬との結びつきがつよかったと考えられるのである。

三八年戦争のただなかの延暦六年（七八七）に「王臣及び国司等、争ひて狄馬及び俘の奴婢を買ふ」ことを禁断している（『類聚三代格』同年正月二十一日官符）。「狄馬」とは蝦夷の飼っている馬のことである。また弘仁六年（八一五）には、按察使《あぜち》巨勢野足《こせののたり》が、馬は重要な軍需物資なのに「権貴の使、豪富の民、互相《たがひ》に往来し、捜し求むること絶ゆること無し」という状況であり、ついには陸奥国の官人や住民に頼んで「夷獠」（蝦夷）から無理やり買い求めているとして、陸奥の国外に馬を持ち出すことを禁止するよう訴えて、これが認められ、出羽でも同様の措置が命じられている（『類聚三代格』同年三月二十日官符）。その後、貞観三年（八六一）にも、重ねて馬を国外に持ち出すことを禁止している（『類聚三代格』同年三月二十五日官符）。また『藤原保則伝《ふじわらのやすのりでん》』にも出羽国では「権門の子の、年来、善馬・良鷹《りやうよう》を求むる者、猥《みだ》りに聚《あつま》ること雲の如し」とあり、王臣家の子弟などが盛んに馬や鷹《たか》を買い求めていたことを伝えている。

このように陸奥・出羽の蝦夷が飼育する馬は名馬として都にまで知られていて、王臣家などがわざわざ使者を派遣して買いあさることが横行し、たびたび禁令を出すが、なかなか止まなかったのである。また蝦夷が朝廷に馬を貢進することもあった。『扶桑略記《ふそうりやつき》』養老二年（七一八）八月乙亥条には「出羽幷びに渡嶋の蝦夷八十七人来たり、馬千疋を貢す」と、蝦夷が馬を貢進したことがみえる。「千疋」というのはあまりに多いので、「十疋」の誤記である可能性も否定できないが、ともかくこれによって蝦夷が馬を貢進していたことが知られる。陸奥・出羽両国は、奈良時代から「御馬」（天皇の馬）の貢進をおこなっていたが（正倉院文書「天平四年越前国郡稲帳」「天平六年尾張国正税帳」「天平十年駿河国正税帳」など）、それらも蝦夷が飼育した馬とみてよいであろう。

このように、馬飼が蝦夷の重要な生業であったことは間違いないが、この蝦夷の馬の系統に関して大陸など北方からの伝来ルートを想定する説がある（新野直吉『出羽の国』〈古代の国々3〉一一〇ページ、学生社、一九七三年）。しかし、考古学的な事実をふまえるとそのような仮説は成立しがたいと思われる。というのは、高橋信雄、八木光則氏らによれば岩手・青森県域の末期古墳からは七世紀代の馬具の出土例が少なくないが、それらは明らかに古墳文化の所産で、両氏とも東日本との関連性がつよいことを指摘している（高橋信雄「蝦夷文化の諸相」『古代王権と交流1　古代蝦夷の世界と交流』名著出版、一九九六年。八木光則「馬具と蝦夷―藤沢狄森古墳群出土の壺鐙をとおして―」『岩手史学研究』七九、一九九六年）。馬具が南の古墳文化の系統のものであれば、馬も同じ系統のものとみるのが自然である。

なお現在のところ、東北北部で馬の存在を示すもっともふるい考古学的資料は、さきに取り上げた水沢市中半入《なかはんにゅう》遺跡で出土した馬の歯で、五世紀末〜六世紀初頭ごろのものとみられている。この中半入遺跡が古墳文化の北限の拠点集落であることからみても、古墳文化の北進とともに蝦夷の地に馬が伝来したとみるのが自然であろう。

太平洋岸にほど近い岩手県山田町房《ぼう》の沢《さわ》古墳群では、八世紀から九世紀初頭の三〇基の末期古墳にまじって四基の馬の墓が発見された。ほかにも北上市五条丸《ごじょうまる》古墳群や青森県八戸市の丹後平《たんごたい》古墳群でも馬の墓とみられる土壙《どこう》が見つかっている（高橋信雄「群集墳と馬」『北の馬文化』岩手県立博物館、二〇〇〇年）。これらも蝦夷が日常生活で馬と深く結びついていたことを考古学的に示すものであろう。

蝦夷の馬飼は、古墳時代に倭人から伝えられたものであったが、東北の風土に適していたためか、蝦夷社会にひろく受容され、蝦夷の重要な生業として定着し、古代の東北地方は、名馬の産地として都にまでその名を知られるようになるのである。

このように、蝦夷が得意とする弓矢を用いた騎馬戦法は蝦夷の生活文化に根ざしたものであったと考えられる。

集団戦法

蝦夷の強さのもう一つの理由は、統制のとれた集団戦と臨機応変の機動力にあったと考えられる。そのことは、たとえば「彼の夷俘《いふ》の性たるや、蜂のごとく屯《むらが》り蟻のごとく聚《あつま》りて、首として乱階（争乱の端緒）を為す。攻むれば則《すなは》ち山藪に奔《はし》り逆《しりぞ》き、放《ゆる》せば則ち城塞を侵《をか》し掠《かす》む」（『続日本紀』天応元年〔七八一〕六月戊子朔条）とか、「夷虜《いりよ》は乱常《つね》にして、梗《かう》をする（反抗する）こと未だ已《や》まず。追へば則ち鳥のごとく散り、捨つれば則ち蟻のごとく結ぶ」（同書延暦二年〔七八三〕六月辛亥条）と語られているところからもうかがうことができる。実際にも、延暦八年（七八九）におこなわれた著名な胆沢《いさわ》の巣伏《すふせ》村の戦いでは、阿弖流為《あてるい》の率いる一二〇〇人余の蝦夷軍が巧みな作戦と統制のとれた集団戦で四〇〇〇人の政府軍を撃ち破っている。

筆者は、集団戦と機動力という蝦夷の戦法の特色も、彼らの生活形態と関連するのではないかと考えている。というのは、杉山正明氏がモンゴル・テュルクに代表される中央ユーラシアの遊牧民社会の特色についてつぎのような指摘をしているからである（杉山正明「中央ユーラシアの歴史構図―世界史をつないだもの―」『岩波講座世界歴史 11 中央ユーラシアの統合』岩波書店、一九九七年）。

(1) 集団性・組織性・機動性――日頃の生活が個と集団のたえざる集散のなかにあるから、目的に応じて大小の組織をつくり、すぐさま団体行動に移ることができる。いったん有事となれば、遊牧民は一気に大きな集団を編成し、機動力にとむ組織だった軍隊にすりかわることができた。

(2) 騎馬と弓射の技術——馬に騎乗したまま矢を射ること(騎射)は、ふつうならば長い訓練のすえにえられる高等技術であるが、遊牧民の場合、成年男子はもちろん、少年や女性でも多くが習熟していた。

遊牧民は、彼らのもつこのような特色から「日常の生活と戦士・軍隊としての在り方との間に、ほとんど段差がなかったのである。この点、農耕・定住民の社会では、よほど特別な適性者を選抜したうえで……、しかも長期の特別な養成をほどこさない限り、騎馬戦士というものを保有することはできなかった」のである。すなわち杉山氏によれば、遊牧民の戦闘能力の高さは、彼らの「日常の生活と戦士・軍隊としての在り方との間に、ほとんど段差がなかった」ところにあり、日常生活がそのまま戦闘訓練につながっていた面があったのである。

このような杉山氏の指摘をふまえると、蝦夷が集団戦法を得意とすることも、彼らの生活形態と関連づけて考えることが十分可能であると思われる。狩猟も馬飼もチームワークを必要とするものであるし、また蝦夷の相当部分が七世紀以降もかなり移動性に富んだ生活を営んでいたことは、さきに指摘した東北北部の日本海側で集落形成がかなり遅れるという考古学的事実や、このあとに取り上げる九世紀代の諸国に移配された蝦夷が巻き起こす〝文化衝突〟などからもうかがうことができると考える。「追へば則ち鳥のごとく散り、捨つれば則ち蟻のごとく結ぶ」ともいわれた彼らの変幻自在の戦法もまた、このような日常生活で培われたものとみてよいであろう。これらの点で、蝦夷社会は中央ユーラシアの遊牧民に通じる面があるといってよい。もちろん蝦夷が狩猟になお一定のウエイトをおいていたと考えられることや比較的安定した稲作農耕をかなりの程度受容していたことなどは遊牧民と異なるし、社会の規模においても両者は隔絶していた。したがって安易な類推はつつしまなければならないが、杉山氏の遊牧民社会の特色についての指摘が蝦夷の戦闘能力の高さの社会的意味を考える際に大いに参考になることは間違いないであろう。

合従連衡と蝦夷社会の構造

ほかにも蝦夷の律令国家との戦いには、際だった特徴がいくつかみられる。それは、特定の蝦夷集団が反乱を起こすと、比較的短期間のうちに広範囲の地域の蝦夷がそれに呼応して反乱に立ち上がるということがしばしばみられるということと、宝亀五年（七七四）から弘仁二年（八一一）にかけての足かけ三八年にわたる三八年戦争に代表されるように、長期にわたって圧倒的な軍事力をもつ律令国家と戦い続けた抵抗の持続性も、蝦夷の戦いの顕著な特色といえよう。

まず、特定の蝦夷集団が反乱を起こすと、短期間のうちに広範囲な蝦夷集団がそれに呼応して反乱に立ち上がるという点であるが、それがもっとも顕著にみられるのは三八年戦争の初期である。三八年戦争は、宝亀五年の海道（北上川下流域から三陸方面）の蝦夷による桃生城《ものうじょう》の襲撃によってはじまるが、翌年には陸奥国の広汎な地域に戦乱が拡大したようで、夏から秋にかけて戦闘が続いて、民衆がみな塞《とりで》（＝城柵）を保守したために田畑が荒廃したことが伝えられている。さらに翌宝亀七年には、律令国家が山道（北上川中流域）・海道双方の蝦夷に攻勢をかけ、出羽国軍は志波《しわ》村（現在の盛岡市付近）の蝦夷と戦い、陸奥国軍も胆沢の蝦夷と戦っている。海道の蝦夷による桃生城の攻撃から始まった戦乱は、二年ほどのうちに出羽国軍をも巻き込み志波地域にまで拡大していったのである。

また宝亀十一年（七八〇）に伊治城《これはり》（宮城県築館町）で伊治公呰麻呂《これはりのきみあざまろ》が蜂起すると、『続日本紀』延暦二年（七八三）六月丙午朔条に「宝亀十一年、雄勝・平鹿二郡の百姓、賊の為に略せられ各《おのおの》本業を失ひて彫弊《てうへい》（疲弊）殊《こと》に甚だし」とあるように、山北《せんぼく》地方（横手盆地）まで蝦夷の反乱が広がり、さらに多賀城が焼き討ちされて、ほかの陸奥国の城柵も陥落するなど、戦線はいっそう拡大する。こうして、陸奥・出羽の広汎な地域の蝦夷が反乱に立ち上がり、共同して律令国家と戦うという構図が生まれるのである。

このように戦線が急速に拡大していった状況がある程度具体的にわかる例はほかにあまりないが、たとえば和銅二年（七〇九）に越後国出羽郡の蝦夷が反乱を起こすと、征討軍の主力である征越後蝦夷将軍らを出羽に派遣すると同時に、陸奥側には陸奥鎮東将軍らを遣わしているし、同様に養老四年（七二〇）の陸奥の蝦夷の反乱に際しては、持節征夷将軍らを陸奥に、持節鎮狄将軍らを出羽に派遣している。このように反乱の中心地だけでなく、隣国にも征討軍を同時に派遣するのは、反乱が広がることを未然に防ぐねらいがあったと思われる。同様に、天平九年（七三七）に多賀《たが》城《じょう》と秋田の出羽柵《でわのき》をむすぶ陸奥出羽連絡路を開設しようとしたときにも、陸奥の山海両道の蝦夷の間に動揺が広がっているというので、それを鎮めるために遠田君雄人《とおたのきみおひと》を海道に、和我君計安塁《わがのきみけあるい》を山道に遣わしている。このようなことから蝦夷が反乱を起こしたり、律令国家が軍事行動を起こしたりすると、その情報は比較的早く蝦夷諸集団に伝わっていったらしいことがうかがわれる。

蝦夷社会は、社会全体を統合するような権力が未発達で、個々の蝦夷集団が自律的な動きをしていたと考えられるが（工藤雅樹「東北北部における政治的社会の形成」『古代蝦夷の考古学』吉川弘文館、一九九八年、初出は一九八二年）、右のごとき事実は、そのような社会にあっても情報伝達のネットワークが存在していて、重要な情報は比較的迅速に伝わったということを想定させよう。このようなネットワークは、さまざまなヒトやモノの交流に際しても有効に機能していたと思われる。

すなわち蝦夷社会は社会的統合が未熟で、集団相互の角逐《かくちく》・抗争や孤立分散的傾向も確かにあったが、相対的に独立傾向のつよい集団を相互に結びつけるネットワークが形成されていて、ヒトやモノの交流の媒体となるとともに、これを通して緊急時の情報伝達もおこなわれたと考えられるのである。三八年戦争勃発の際にも、海道の蝦夷が桃生城を攻撃し、それに対して陸奥国軍が軍事行動を起こしたことは、おそらくほどなく広汎な地域の蝦夷集団に伝わっていき、多くの蝦夷集団が日ごろの抑圧的状態から脱する好機とみて互いに連携しながら共通の敵である律令国家との戦いにつぎつぎと立ち上がっていったのではないかと推測する。

蝦夷社会の基礎単位は「村」であった。律令国家の疆域《きょういき》外に住む蝦夷の集落は「○○村」と呼ばれた。これらの蝦夷村の名には古代の郡名に一致するものが少なくないが、郷名と一致するものもある。たとえば、秋田村（→秋田郡）・男勝《おがち》村（雄勝村→雄勝郡）・志波《しわ》村（斯波村→志波郡）・伊治《これはり》村（→栗原郡）などは郡名に一致するし、閇《へ》村（幣伊《へい》村）も古代末期に建郡されたとみられる閉伊郡に相当する。

一方、元慶《がんぎょう》の乱関係の記事に秋田城下の「賊地」として掲げられた上津野《かづの》・火内《ひない》・椙《すぎ》淵《ぶち》・野代《のしろ》・河北《かわきた》・腋本《わきもと》・方口《かたくち》・大河・堤・姉刀《あねと》・方上《かたがみ》・焼岡《やけおか》の一二村と、向化の俘地とされた添河《そえかわ》・覇別《はべつ》・助川《すけかわ》の三村（『日本三代実録』元慶二年〔八七八〕七月十日癸卯条）のうち、方上と添河（添川）は『和名類聚抄』の秋田郡の郷名に一致する。

また延暦八年（七八九）の征夷において、政府軍は胆沢の蝦夷の本拠地を攻撃し、北上川東岸の蝦夷村一四村、宅八〇〇烟《えん》（＝戸）余を焼き払ったというが（『続日本紀』同年六月甲戌条)、ここでは一村平均で宅五七烟ということになる。これらの村は、いずれも五〇戸で構成される郷程度の規模とみてよいであろう。

これらのことから今泉隆雄氏は「郡規模のエミシ村の存在の根拠は弱く、一般の村の規模からみても、エミシ村はせいぜい郷規模で、郡程度の大規模なものがあったとは考えられない」としている(「律令国家とエミシ」『新版　古代の日本九　東北・北海道』角川書店、一九九二年)。

しかし筆者は、郡名と一致する蝦夷村のなかには、やはり郡規模のものも含まれていたとみるべきであると考える。その根拠は、まず第一に天平九年(七三七)に多賀城から雄《お》勝《がち》村経由で秋田城までの「直路」を開設しようとしたときに、「雄勝村の俘長等三人」が政府軍の進攻を恐れて来降してきたが、これは工藤雅樹氏も指摘しているように、複数の蝦夷集団の代表者とみられる(工藤氏、前掲「東北北部における政治的社会の形成」)。したがってここの「雄勝村」は複数の蝦夷集団を含むことになり、のちに雄勝・平鹿《ひらか》などの郡が建置される地域を指すとみることも可能と思われる。

つぎに、三八年戦争が勃発してほどない宝亀七年(七七六)から翌八年にかけて志波村の蝦夷と出羽国軍との間で戦端が開かれる。このときのありさまは、『続日本紀』宝亀七年五月戊子条に「志波村の賊叛逆《そむ》きて、国と相戦ふ。官軍利あらず。下総・下野・常陸等の国の騎兵を発して戍《まも》らしむ」とあり、翌八年十二月辛卯条には「志波村の賊、蟻のごとく結びて毒を肆《ほしいまま》にす。出羽国の軍、これと相戦ひて敗れ退く。是に、近江介従五位上佐伯宿禰久良麻呂を鎮守権副将軍として、出羽国を鎮めしむ」とみえる。いずれも出羽国軍が劣勢で、東国の騎兵や鎮守権副将軍の部隊が援軍に動員されるほど志波村の蝦夷は強盛であったというのであるから、この「志波村」を郷程度の規模とみるのはやはり無理で、郷規模の村が複数「蟻のごとく結」んで政府軍に抵抗したとみるのが妥当であろう。そうすると「志波村」はのちの斯波《しわ》郡に相当する地域とみてよいと思われる。

また文室綿麻呂《ふんやのわたまろ》の征討に出てくる幣伊《へい》村も同様に考えられる。『日本後紀』弘仁二年（八一一）三月甲寅条に「去る二月五日奏に偁《いは》く、陸奥・出羽両国の兵、合はせて二万六千人を発して、爾薩体《にさつたい》・幣伊二村を征たんことを請ふ者《てへり》」とあるが、陸奥・出羽両国の兵二万六〇〇〇人で征討しようとした二村が、ともに郷程度の規模とは考えがたいし、「爾薩体・幣伊」と併称されていることからみても、二村ともある程度の広がりをもった地域を指しているとみるべきであろう。『日本後紀』同年七月丙午条で俘軍一〇〇〇人の攻撃対象となり、「党類巨多」といわれている幣伊村も同様である。やや時期がくだる史料であるが、応徳三年（一〇八六）正月二十三日前陸奥守源頼俊申文（『平安遺文』九巻四六五二号）には「閇伊七村の山徒」とあり、幣伊村が少なくとも七つのより小さな村から構成されていたことが知られる。いわば蝦夷村は重層構造をとっていたのである。

このように、いわゆる蝦夷村には郡程度の広がりの地域を包括するものと、郷程度の規模の集落をさすものの両様があったとみてよいと思われるが、公的にはやはり郷程度の集落を村といったと考えられる。それは陸奥国司が位階などとともに夷俘に授ける官職的地位として「村長」があり（『類聚国史』巻一九〇俘囚大同二年（八〇七）三月丁酉条に「陸奥の国司、夷俘を遷〔選カ〕出して、或いは位階を授け、或いは村長に補すこと、寔《まこと》に繁く徒《いたづら》にあり、其の費《つひえ》極《きはま》り無し」とある）、この場合の村が正規の行政単位としての村と考えられるが、これが郡程度の規模とは考えにくく、やはり郷程度の規模の村をさすと思われるからである。律令制下で一般的に村とされた集落が、郷程度かそれ以下の規模であったとみられること（鬼頭清明「郷・村・集落」『国立歴史民俗博物館研究報告』二二、一九八九年）もこの考えを裏づけよう。そして、この公法上の村とされた集落こそが蝦夷社会を構成する基礎集団であったと考えられる。

それに対して志波村や幣伊村などの郡規模の蝦夷村は、いわば通称であろう。「子波・和我は僻《さ》りて深奥に在り」（『続日本紀』延暦八年（七八九）六月庚辰条）とあるように、「村」を付さないで呼ばれることがあったのは、この種の蝦夷村が正式の呼称でないことを示すのであろう。ちなみに「胆沢」は村を付して呼ばれた例は一つも知られていない。

これらの蝦夷村は族長によって統率されていた。さきにも引用した『続日本紀』天平九年（七三七）四月戊午条に「雄勝村の俘長等三人」とある「俘長」がそれである。また『日本三代実録』元慶三年（八七九）正月十一日辛丑条には「渡嶋の夷首百三人、種類三千人を率ゐて秋田城に詣《いた》る」という記事があり、渡嶋の蝦夷集団にも族長がいたことが知られ、蝦夷の族長は広く存在したとみられる。既述のように、九世紀代には有功の蝦夷を村長に補任することがあったが、これは族長の地位を二次的に公法上の存在としたものと解される。

さて、さきに郡規模の「村」の史料として掲げたものを改めて見なおしてみると、戦時か、そうでなくとも「雄勝村」の場合のように、緊急時の史料であるものが多いことに気づく。この点に着目すると、郡規模の「村」は、平時にも郷規模の「村」がゆるやかに結びつくかたちで存在していたのであろうが、緊急時にはその存在がより顕在化して軍事行動などの主体となり、それらが郡規模の「村」として史料に表われると解することができよう。天平九年の雄勝村の「俘長等三人」の行動などからみると、この郡規模の「村」は、郷規模の「村」の村長（蝦夷の基礎集団の族長でもある）が相互に同盟を結ぶことによって顕在化したと推測される。このような臨機応変の組織編成が、律令国家側には「蜂のごとく屯り蟻のごとく聚」ると映ったのである。

三八年戦争に際しては、郡規模の「村」がいくつか連合してさらに大規模な連合体を形成したとみられる。さきにも引用した『続日本紀』天応元年（七八一）六月戊子朔条には、「伊佐西古《いさせこ》・諸絞《もろくり》・八十嶋《やそしま》・乙代《おとしろ》等は、賊の中の首にして、一を以て千に当る」と、一騎当千をもって鳴る有力な蝦夷の族長が複数掲げられているが、彼らのような有力首長が中核となって郡規模をはるかに越えた範囲の蝦夷集団がゆるやかなかたちで同盟を結び、共同して政府軍と戦うという形態をとっていたことが想定可能ではないかと思われる。

このように蝦夷社会は社会的統合が未熟であったが、郷規模の「村」が社会の基礎単位となって相互にネットワークを形成して結びついていたので、情報などの伝達は比較的迅速であった。緊急時には郡ほどの規模の「村」連合が顕在化して共同して軍事行動をとったし、さらに複数の郡規模の「村」が合従連衡して共通の敵である律令国家と戦い、律令国家を長期にわたって苦しめるということもあった。国家を形成するにいたっていない蝦夷社会は、いわば横のつながりを機軸とし、そのうえに郡規模のゆるやかな統合が覆い被さり、さらに律令国家との朝貢制的な政治関係などによって編成されていた社会であって、律令国家との戦い方にもそのような社会構造が色濃く投影されているといってよいであろう。

抵抗の持続性

蝦夷の戦闘能力に関して、最後に蝦夷は律令国家を相手にいかにして長期にわたって執拗に抵抗できたのかという問題を取り上げ、それを社会構造との関連で考えてみたい。

さきに、蝦夷の戦闘能力の高さは、狩猟や馬飼など彼らの生活文化によってつちかわれたものであったとみられることを指摘した。しかし狩猟は生業としては不安定であるし、馬飼も食糧確保という観点からみれば、重要度は低かったとみざるをえないであろう。したがって蝦夷の律令国家に対する抵抗に持続性を付与した要因は、ほかに求めざるをえないことになる。

三八年戦争で律令国家にもっとも頑強に抵抗したのは阿弖流為らに率いられた胆沢の蝦夷であったが、胆沢地域は東北北部でもっとも稲作農耕が発達したところであった。稲作は、狩猟にくらべればはるかに安定して長期的に食糧を確保できる。事実、文献史料からも、蝦夷の抵抗の源泉となっていたのは農耕であったということがうかがわれるように思われる。

三八年戦争の最中であった延暦六年（七八七）に、以下のような禁令が出されている。

無知の百姓、憲章を畏れず、此の国家の貨を売り、彼の夷俘《いふ》の物を買ふ。綿は既に賊に襖冑を着せ、鉄は亦た敵に農器を造らしむ。理に於いて商量するに、害を為すこと

極めて深し。自今以後《いまより》、宜しく厳しく禁断すべし。（『類聚三代格』延暦六年正月二十一日官符）

ここでは、交易で蝦夷の手にわたった綿（真綿）が襖冑《おうちゅう》（綿入れをした簡便な布製の甲《よろい》）の材料になっていることと、同じく鉄が蝦夷の農具の原材料になっていることを指摘し、このような利敵行為を禁じている。ここからは、蝦夷が一般の公民との交易によって必要物資を入手していたことがうかがわれるが、それとともに蝦夷がそうして入手した鉄で農具を製造していることを指弾しているから、農耕が蝦夷の重要な抵抗の源泉と認識されていたことが知られる。さらに、さきに引用した『続日本紀』延暦八年六月庚辰条の征東将軍紀古佐美の奏上にも「蠢爾《しゅんじ》とある小寇、且《しばら》く天誅を逋《のが》ると雖も、水陸の田、耕し種うること得ずして、既に農《たつく》る時を失へり。滅せずして何をか待たむ」とあって、蝦夷が「水陸の田」（水田と陸田）の耕作機会を失ったということをあげて、戦闘に勝利したも同然であるという主張をしていることが注目される。

このようなことから、蝦夷が長期にわたって律令国家に抵抗できた理由としては、王臣家・国司や百姓との交易に加えて、稲作農耕による食糧の確保を逸することができないと思われる。だからこそ、はやくから稲作農耕を受容していた胆沢地域の蝦夷がもっとも頑強に律令国家に抵抗できたのである。

ただし、かりに三八年戦争ごろの胆沢地域では稲作農耕がすっかり定着していて、それよりも南の国郡制が施行されていた地域と生業形態がまったく同じであったとすると、胆沢の蝦夷が「弓馬」の戦いに秀でていたことが説明しにくくなってしまう。そこで筆者は、胆沢地域は東北北部ではもっとも稲作農耕の定着した地域であったが、それでもなおかつ狩猟・馬飼などの蝦夷社会を特色づける生業の比重が、南の国郡制施行地域よりはかなり高かったのではないかと考える。

　このような想定を裏づけるのが『類聚三代格』貞観十八年（八七六）六月十九日官符である。同官符が引用する鎮守府《ちんじゅふ》牒《ちょう》は、「夫れ辺城の体為《た》るや、夷俘を養ふに依りて、常に殺生を事とす。加以《しかのみならず》、正月・五月の二節に、俘の饗に用ゐんが為に、狩漁の類、勝《あげ》て計《かぞ》ふべからず。殺生の基、啻《ただ》此の府（＝鎮守府）に在り」と、ふだんから夷俘に支給する食糧を確保したり、正月・五月の節会《せちえ》に鎮守府庁で俘（＝蝦夷）を招いておこなわれる饗宴のために「殺生を事」としていたことを述べ、その滅罪のために最勝王経講読と吉祥天悔《け》過《か》の法会を国庁にならって府庁でおこなってきたことを述べている。蝦夷への食糧供給や節会の饗宴にあたって狩猟をおこなったのは、蝦夷が獣肉を好んだからに違いなく、この点から鎮守府（＝胆沢城）管轄地域（磐井《いわい》・胆沢・江差《えさし》・和賀《わが》・稗貫《ひえぬき》・志波の六郡）の蝦夷は、九世紀後半段階においても狩猟をかなりおこなっていたとみてよいと思われる。

胆沢城跡の発掘調査で、このような文献史料から知られる事実と関連すると思われる考古学的な事実が判明した。第五二次調査で発見された厨院《くりやいん》と推定される官衙《かんが》遺構内からニホンジカ・イノシシなどの獣骨が出土したのである。この官衙は、外郭南門の東北に隣接した場所に位置し、殿舎が「コ」の字型配置をとる院を構成していたとみられるが、獣骨が発見されたのはその中央の広場の北よりのところに掘られた井戸の埋土からである。ニホンジカ・イノシシの獣骨はいずれも数頭分と判断され、各部位の骨が出土しており、食肉後の投棄と判断されるという。その時期は九世紀末から十世紀前半ごろとみられている（『胆沢城跡昭和六十一年度発掘調査概報』水沢市教育委員会、一九八七年）。そうすると、この時期に鎮守府の公的な行事に獣肉が供されていたとみられ、さきの貞観十八年官符の内容を裏づける資料といってよい。

以上のような文献史料・考古資料によって、鎮守府管下の蝦夷の間では、九世紀後半以降も、南の地域にくらべて狩猟の重要性は依然として大きかったのではないかと推測されるが、これは土器や集落の様相から一般的に想定されている蝦夷の生業形態とはかなりの隔たりがあると思われる。なお、蝦夷が九世紀以降も、一般の倭人とかなり異なる生業・文化形態を保持していたことは、このあとに取り上げる諸国に移配された蝦夷に関する文献史料からも裏づけることができる。

諸国移配蝦夷からみた蝦夷文化

蝦夷の諸国移配

律令国家は、服属した蝦夷（俘囚《ふしゅう》）を強制的に諸国に移住させるという政策をとった。その初見は、周知のごとく、神亀二年（七二五）に陸奥国の俘囚七三七人を和泉監《いずみのげん》・伊予国・筑紫などへ移配した記事であるが（『続日本紀』同年閏正月己丑条）、かつて虎尾俊哉氏は「俘囚の内国移配は宝亀から弘仁にかけて集中的にあらわれてくる」ことを指摘し、「私は内国移配の俘囚の問題は主として『三十八年戦争』以降の問題だと理解している」とした（『律令国家と蝦夷』評論社、一九七五年）。また今泉隆雄氏は、俘囚の移配が「本格的に行われたのは七九四（延暦十三）年の胆沢の征夷以降である」という見解を示し、本格化する時期をさらにくだらせて考えている（今泉氏、前掲「律令国家とエミシ」）。確かに、移配蝦夷の調庸免除が法制的に定められるのは延暦十七年（七九八）以後のことと考えられるし（板橋源「古代蝦夷内国移配考」『岩手史学研究』二二、一九五六年）、同じく延暦十七年に相模・武蔵・常陸・上野・下野・出雲等の国に、帰降の夷俘《いふ》に対する時服・禄物の支給や、定期的な饗賜などについて指示をしている（同年六月己亥条）。また延暦二十年（八〇一）格《きやく》では、諸国の俘囚に関しては、同化するまで田租の徴収をしばらく猶予することが定められている（『類聚国史』巻八三正税　弘仁七年十月辛丑条）。

このように、移配蝦夷の処遇に関するもっとも基本的なことが、いずれも延暦末年段階に至ってようやく定められているということからみて、この時期の蝦夷の諸国移配が、それ以前のものとは量的にも質的にも大きく異なるものであったことは間違いない。したがって蝦夷の諸国移配は、神亀二年以降の八世紀代にも、とくに征夷のあった直後を中心にある程度実施されており、軽視することはできないと思われるが、山道の蝦夷との戦いではじめてめぼしい戦果をあげた延暦十三年（七九四）の征夷以降に飛躍的に増大するとみるのが妥当であろう。

では、服属した蝦夷を諸国に移配することにはどのような目的があったのであろうか。従来の見解としては、(1)懲罰的意味を持つ、抵抗分子に対する分散隔離策（板橋源・高橋富雄・虎尾俊哉）、(2)柵戸《きのへ》政策と対《つい》となった、在地住民の勢力分断を目的とした住民交換策

（工藤雅樹・平川南）、(3)蝦夷への支給物の財政負担の諸国への分散策（今泉隆雄）、などの諸説がある。

このうち(2)は勢力分断を目的としたという点には賛同したいが、柵戸移配が時期的には七世紀中葉にはじまり、征夷の中止が決定される延暦末年までつづけられるものの、ピークは八世紀初頭前後にあったとみられ、また柵戸の出身地は東国および陸奥南部が中心であったのに対して、俘囚移配は初見は神亀二年であるが、既述のごとく本格化するのが柵戸移配中止の直前の時期にあたる延暦十三年以降とみられ、また移配先が東国から大宰府《だざいふ》管内諸国にいたる全国にわたっているなど、時期的にも、地域的にも、柵戸の移配策と対応しているとはいいがたく、さらに柵戸にくらべて移配蝦夷の数は少なかったとみられることなどからいっても住民交換策とは解しがたい。

また(3)は付随的な理由としてはあったかも知れないが、これを諸国移配の主要な理由とみることは無理と思われる。というのは、蝦夷の諸国移配が懲罰的な隔離策であることを示す史料がいくつか存するということもあるが、さらに重要なことは、俘囚の諸国移配が飛躍的に増大するとみられる延暦十三年（七九四）の征夷後というのが、いまだ山道の蝦夷の主力が服属していない時期にあたっているということである。もし、蝦夷の諸国移配の主要な理由が経済的目的からだったとすると、山道の蝦夷をほぼ制圧し終わる延暦二十年（八〇二）以降にその移配が本格化してもよさそうであるが、まだ阿弖流為《あてるい》などの主力の蝦夷が服属していない時期に蝦夷の諸国への移配政策をにわかに本格化させるのである。これは、これまで律令国家に頑強に抵抗した蝦夷を遠隔地に強制移住させることによって、彼らがふたたび共同して国家に抵抗することを不可能にすると同時に、三八年戦争を契機として蝦夷社会にゆるやかながらも形成されてきた有力族長を中心とした社会統合を分断するというねらいがあったと考えられる。

このように、延暦十三年以降に本格化するとみられる蝦夷の強制移住政策は、この時点での東北政策の最大の課題であった山道の蝦夷の軍事制圧の一環という性格をもって実施されたもので、強硬派の隔離策と蝦夷社会の分断策という両面をもつ政策であったとみるのがよいと思われる。既述のように、移配蝦夷が外敵や群盗に備える武力として使われている例もあるが、これはいわば移配後の二次的な利用とみるべきであろう（拙稿「九世紀奥郡騒乱の歴史的意義」虎尾俊哉編『律令国家の地方支配』吉川弘文館、一九九五年）。

移配蝦夷のおかれた境遇

要するに延暦十三年以降に本格化する蝦夷の諸国移配は、律令国家に長年にわたって抵抗をつづけてきた強硬派蝦夷に対する制裁的な措置であることを、まず理解する必要がある。数多くの諸国に比較的少数ずつ分散的に移配された蝦夷は、長年の生活基盤であった北上川流域などの故地から遠く引き離され、周囲を一般公民の集落に囲まれるという、それまでとは隔絶した環境のもとで日常生活を営むことを強いられることになったのである。しかも移配先では「帰降の夷俘、前後数《あまた》あり。仍《よ》りて便宜を量りて安置す。官司の百姓、彼の姓名を称さずして、常に夷俘と号す。既に皇化に馴れ、深く以て恥と為す」（『日本後紀』弘仁五年〔八一四〕十二月癸卯朔条）とあるようなさまざまな差別を周囲から受けつつ、律令国家の同化政策を甘受するようしむけられた。

律令国家は、移配蝦夷に対してさまざまな法制的、経済的な対策を講じた。大同元年（八〇六）、中央政府は近江国に移配していた蝦夷のうち六四〇人をさらに大宰府に移し、防人《さきもり》にあてることにするが、その際に「駆使（兵役・徭役などに徴発すること）・勘当（法律に照らして罪を定めること）は平民に同じきこと勿《なか》れ。情を量りて宜《よろ》しきに随ひ、野心に忤《さか》はざれ。禄物・衣服・公粮《こうらう》・口田の類は、男女を問はず、一《もつぱ》ら前格に依れ」という指示を関係各国の国司にしている（『類聚国史』巻一九〇俘囚 同年十月壬戌条）。

このように移配蝦夷に対しては、法制上、公民と同列に扱わないことに加えて、夷禄などの経済的な扶助もおこなうことになっていた。しかしそれでも、国司の怠慢や地域社会での差別、さらには文化的な差異を無視した同化政策自体がもつ問題などから、各地で公民や国司との間にしばしば軋轢《あつれき》が生じることになる。

弘仁四年（八一三）には、「夷俘の性、平民と異なる。朝化に従ふと雖も、未だ野心を忘れず。是を以て諸国司をして勤めて教喩を加へしむ。而《しか》るに吏、朝旨に乖《そむ》き、存恤《そんじゅつ》を事とせず、彼等の申す所、日を経て理《をさ》めず。愁《うれひ》を含み怨《うらみ》を積みて、遂に叛逆を致す」と、諸国司が移配された蝦夷に朝廷の指示通りに「教喩」を加えず、また彼らの訴えを放置しているために怨みを抱き、ついには叛逆をくわだてるようになるのだとして、播磨介・備前介・備中守・筑前介・筑後守・肥前介・肥後守・豊前介らに厚く「教喩」を加えるよう命じ、今後蝦夷が入京して越訴《おつそ》におよんだ場合には処罰するという方針を打ち出している（『類聚国史』巻一九〇俘囚 同年十一月庚午条）。移配された蝦夷の多くは、移配先での処遇につよい不満を抱き、反抗・越訴をくり返していたのである。

このような状況に対処するために、同類のなかから衆の推服するものを選んで長（俘囚長・夷長）に任じて統制させたり（『日本後紀』弘仁三年六月戊子条）、諸国の介以上の国司一人を選んで夷俘の専当国司に任ずるという対策が講じられるが（『類聚国史』巻一九〇俘囚 弘仁四年十一月癸酉条、同弘仁十一年四月戊寅条）、その後も越訴はやまず、専当国司の責任が追及されることがあった（同書同巻弘仁七年八月甲午朔条）。さらには、弘仁五年（八一四）の出雲（同書同巻同年二月戊子条など）、承和十五年（八四八）の上総（『続日本後紀』同年二月庚子日条など）、貞観十七年（八七五）の下総（『日本三代実録』同年五月十日辛卯条)、元慶七年(八八三)の上総(『日本三代実録』同年二月九日丙午条など)と、各地でたびたび移配蝦夷の反乱が勃発するなど、蝦夷の大きな反発・抵抗を生んでいる。とくに貞観十七年の下総の反乱を「俘虜の怨乱」と正史が記していることは、反乱の主因を明示するものとして注目されよう。

移配蝦夷の生活形態

このように、八世紀末から本格化する蝦夷の移配政策は各地で多くの問題を引き起こし、それらに対して律令国家がさまざまな対策を講じたことが史料として残されている。これらの史料は、移配蝦夷の引き起こしたトラブルと、それに対する国家の対策を記したものなので、事実を比較的正確に伝えていると判断される。したがってこれらの史料は、当時の蝦夷の生活実態を知ることができる貴重な記録でもある。

延暦十七年(七九八)、西海道《さいかいどう》諸国から大宰府を介して太政官につぎのような訴えがあった。

件の俘囚等、恒に旧俗を存して、未だ野心を改めず。狩漁を業《わざ》と為して、養蚕を知らず。加以《しかのみならず》、居住定まらず、浮遊すること雲の如し。調庸を徴《はた》るに至りては、山野に逃散す。未進の累《かさ》なるは、職《もつぱ》ら此の由なり。望み請ふらくは、正身に徴るを免《ゆる》し、蓄息するに至りて、始めて課役を徴らん。然らば則ち、俘囚漸やく花俗に習れ、国司

永く後の煩ひを絶たん。(『類聚三代格』同年四月十六日官符)

これによれば、西海道に移配されてきた蝦夷は、狩猟を生業としていて養蚕をおこなうことを知らず、しかも移動性に富んだ生活をしていて調庸を徴収しようとしても山野に逃れてしまって徴収できないので、移配蝦夷当人の課役は免除して子孫の代になって人口が増え、「花俗」に同化してから徴収することにしたいと、移配蝦夷の担当官である国司が訴えている。国司らの訴えには多少の誇張が含まれている可能性も考えられるが、このときの申請は全面的に認められ、さらに西海道以外の諸国にまで同様のことが認められているので、移配蝦夷のなかに狩猟を生業として、一ヵ所に定住せず、移動性に富んだ生活をしていた人びとがある程度含まれていたことは否定できないと思われる。しかもこの西海道諸国の移配蝦夷は、延暦十七年という時期から考えて、四年前の延暦十三年の征討によって服属した胆沢地域を中心とした山道の蝦夷の出身者を主体としていた可能性が高い。

貞観十一年(八六九)には、諸国の移配蝦夷を大宰府管轄下の要所に分番させて、新羅《しらぎ》の海賊に備えさせることにするが、このときの大宰府からの申請によれば、海賊に備えて大宰府に配備した統領・選士が劣弱で役に立たないので、かわりに諸国に移住させた蝦夷を徴発して「銜《ふく》むに征略を以てすれば、意気激怒し、一以て千に当らん」と、移配蝦夷の戦闘能力の高さをその理由としてあげているが、それとともに「彼の夷俘等は、諸国に分居して、常に遊猟を事とす。徒らに課役を免れて、多く官粮を費す」という弊害の解消にもなるとしている（『類聚三代格』同年十二月五日官符）。征夷が中止されてから半世紀以上たって二世・三世の世代になっても、移配蝦夷には依然として狩猟を生業としているものが一定程度含まれていたことを示す史料である。

　また移配蝦夷は、生活習慣の相違や社会的差別などから周辺住民との間にさまざまな紛争を巻き起こしている。延暦十九年（八〇〇）、甲斐国からは「夷俘等、狼性未だ改めず、野心馴れ難し。或ひは百姓を凌突して、婦女を姦略す。或ひは牛馬を掠取して、意に任せて乗用す。朝憲に非ざるよりは、暴を懲らすこと能はず」という訴えが出され、なお「教喩」を加えて、それでも改めない場合は処罰するよう指示されている（『類聚国史』巻一九〇俘囚同年五月己未条）。ここでは、移配蝦夷について「狼性」「野心」ということばが使われていることからも察せられるように、移配蝦夷と周辺の公民との間に生活習慣などにおいてギャップがあり、それがさまざまなトラブルを生む原因となっていたとみられる。とくに「牛馬」を略奪して勝手に乗り回していたというのは、蝦夷の生活文化が馬飼と深く結びついていたことと無関係ではあるまい。なお弘仁十一年（八二〇）にも、因幡国の俘囚吉弥侯部《きみこべ》欠奈閇《のけなへ》ら六人が百姓の牛馬を盗んだとして土佐国に移されるという事件が起こっている（『類聚国史』巻一九〇俘囚 同年六月辛巳条）。

さらに貞観十二年（八七〇）には、上総国に対して「彼の国の夷俘等、猶ほ野心を挟みて、未だ華風に染《したが》はず。或ひは火を行《つ》けて民の室を焼き、或ひは兵を持ちて人の財物を掠むと。凡そ群盗の徒、此れよりして起る」と、移配蝦夷が放火や略奪などの不法行為をはたらいており、それが群盗の発生の原因となっているとして、いっそう「教喩」につとめるよう命じている。彼らがこの時点で「猶ほ野心を挟みて、未だ華風に染まら」なかったのは、おそらく文化的な差異だけからではなく、地域社会での差別などに対する反発によるところも大きかったのではないかと想像するが、これまた移配から半世紀以上たってなお同化していない蝦夷がいたことを示す史料である。

このように、延暦十三年（七九四）以降に諸国に移配された蝦夷には狩猟を生業として一ヵ所に定住せず、またそのような生活文化の違いから専当の国司や周辺住民との間にトラブルを起こすものがあり、さらには反乱に立ち上がるものもいたのである。また彼らには通常の公民よりも武勇にすぐれたものが多かったため、大宰府の警備や海賊・盗賊の追捕などに従事させられることもしばしばあった。さらに国家の長年にわたる同化政策（「教喩」）にもかかわらず、半世紀以上たってもなお同化せず、不法行為をはたらくものもいたことが知られる。このように移配蝦夷が移配先でさまざまな摩擦を惹起した原因については、彼らが故郷から強制的に引き離されたうえ、社会的な差別も受けていたという特殊な境遇におかれていたことを考慮する必要があるが、それでもなお彼らが一般の倭人と異なる文化・習俗をもっていたことに起因する面があったことは否定できないと思われる。

以上、移配蝦夷が巻き起こしたトラブルから彼らのもっていた生活文化について検討してみたが、一方で、移配蝦夷には比較的短期間で国家の「教喩」にしたがい、同化していった人びとが多数いたことも正当に評価しておく必要がある。弘仁十三年（八二二）、常陸国の俘囚吉弥侯部小槻麻呂《おづきまろ》は、「已等朝化に帰してより、廿箇年を経《へ》つ。漸く皇風に染み、兼ねて活計を得たり。伏して望むらくは、編戸の民と為り、永く課役に従はん」と申し出て公戸への編附が認められ、課役は免除という措置がとられた（『類聚国史』巻一九〇俘囚同年九月癸丑条）。彼らは比較的はやく同化した例であるが、天長年間（八二四〜八三四年）には豊前・豊後・肥前・尾張・越中・安芸・筑後などの諸国の移配蝦夷が、同化して百姓に酒食や私稲を給したことや官舎や池・溝・道橋を修造する労役に従事したこと、孝行が顕著であること、あるいはほかの蝦夷の「教喩」に実をあげたことなどを理由に位を授かっており、同化政策が一定の成果をあげたことが知られている。

このようなことからみて、同化の道を歩んだ移配蝦夷がかなりいたことは疑いない。一般的にいって文献史料が非日常的なことを記録しがちであることをふまえると、全体としてみれば、むしろこちらの方が多数を占めたのではないかと思われる。九世紀初頭段階の蝦夷が稲作農耕をかなりの程度受け入れていたということは改めていうまでもないことであるから、彼らの多くが、郷里から遠く引き離されるという逆境におかれ、周辺住民との間に摩擦を生じるなどの紆余曲折を経ながらも、同化の道を歩んでいくことはむしろ当然のことであろう。

ここで筆者が注目したいのは、彼らのなかに「恒に旧俗を存して、未だ野心を改めず。狩漁を業と為して、養蚕を知らず。加以《しかのみならず》、居住定まらず、浮遊すること雲の如し」といわれたような異俗の民が少なからず含まれており、そのために律令国家の同化政策が必ずしも順調にいかなかったという事実である。とくに、彼らの主体が延暦十三年（七九四）や同二十年（八〇一）の征夷の対象となった山道の蝦夷である可能性が高いことを想起すると、右の事実は、東北北部でもっとも稲作農耕が浸透していたとみられる北上川中流域一帯の山道の蝦夷でさえも、九世紀初頭の段階においてなお狩猟を主たる生業とし、移動性に富んだ生活形態をとっていた人びとが少なからずいたことを推定させることになる。これは、おそらく考古学的な事実認識から想定される蝦夷の生活形態とはかなりかけ離れた蝦夷像であると思われる。

文献史料からの検討の結論は、蝦夷が、九世紀段階において、稲作農耕や馬飼などの南の文化を一定程度取り入れていたことはいうまでもないが、なお狩猟を重要な生業として、移動性に富んだ生活をしている人びとも一定数含まれており、全体として一般の倭人とかなり異なる生活文化を保持していたとみられるのである。これら蝦夷の倭人文化と異質な面は、考古学的にも竪穴住居によって構成される集落の増加するのが九世紀に入ってからという地域が広汎に存在することや、独自の墓制が存続すること、さらには胆沢城跡の厨院と推定される官衙地区の井戸から出土した食肉後に投棄されたと思われるニホンジカ・イノシシの獣骨などに注目すると、決してむりな想定ではないと考える。

新たな東北古代史研究に向けて

本書では、文献史学の立場に立ちながらも、できるだけ考古学の成果も取り入れながら、古代蝦夷と城柵の形成過程、および蝦夷文化について検討してきた。

蝦夷とは何か

古代蝦夷研究は、まだまだ未解決の問題が山積しているが、研究は確実に進展してきている、というのが現在の筆者の感想である。工藤雅樹氏が指摘しているように、蝦夷アイヌ説も、蝦夷非アイヌ説（辺民説）も、一面の真理をもっているが、現段階からみればいずれも過去の学説になってしまったといってよいであろう。蝦夷の存在形態が、二者択一的な議論が可能なほど単純なものでないことはもはや明白であるし、また従来の議論にはアイヌ民族の形成の問題がまったく欠落していたこともこのような問題設定自体を成り立ちがたくしている。アイヌ民族の基礎となるアイヌ文化の形成時期は、現在では十三世紀ごろとみるのがふつうである。そうすると古代蝦夷は、アイヌ民族が形成される以前に列島の北方地域に居住していた人びとということになるから、そもそも蝦夷＝アイヌという等式は成り立ちえないのである。

「蝦夷（エミシ）とは何か」という問いに対する解答を準備するにあたって、まず最初に確認しておかなければならないのは、蝦夷とは、もともと実体的な種族名や民族名とは次元を異にする概念であり、古代王権が列島の東北方に住む〝王化〟にしたがわない人びとを一括してよんだ呼称であった、ということである。蝦夷観念は、いわば王権の政治的要請によって生み出された政治的な観念、イデオロギーというところに本質があるといってよい。したがって王権の側から「蝦夷」として把握された人びとがすべて同じ文化を有していたわけではなく、多様な人びとが含まれていたということに、まず留意する必要がある。二者択一的な議論が無意味である最大の理由はここにある。

しかし、このことは蝦夷観念が実態からまったく遊離した空疎な概念ということを意味しない。非アイヌ説はそのように考えたのであるが、それが間違いであったことは、本書で縷々述べたとおりである。蝦夷観念は、確かに蝦夷の実態に立脚するものであった。ただしそうはいっても、蝦夷の存在形態から客観的に帰納されたものでは決してなく、蝦夷の文化のうち倭人と異質な面を、王権の立場から意図的に強調、増幅して定立された政治イデオロギーという性格をもっていた。したがって古代国家が喧伝した蝦夷観念は、そのまま蝦夷の実態を客観的に伝えたものでないことはむろんであるが、一方で蝦夷の存在形態を一定程度反映したものでもあったのである。これまた、二者択一的な問題設定を不可能とする理由である。

また蝦夷観念の重要な属性として、それが王権による蝦夷支配と分かちがたく結びついていた、ということがあげられる。華夷《かい》思想の影響のもとに構想された蝦夷観念は、蝦夷をいまだ王化に浴していない、異俗・異相の〝化外《けがい》の民〟として位置づけ、古代王権によるその支配を正当化するという現実的な機能をになっていた。したがって蝦夷観念の成立は、王権による蝦夷支配の開始と一体のものであった。古代国家はみずからの〝小帝国〟構造を維持するために蝦夷を〝化外の民〟として編成し、支配をおこなったのであるから、その意味でも蝦夷観念は実態と結びついていたのである。

蝦夷の多様性

蝦夷とよばれた人びとには文化的に多様な人びとが含まれていたことを指摘したが、このことにもいくつかの意味がある。まず居住地域による違いである。大ざっぱにいうと、(1)蝦夷の居住域の南部（宮城・山形両県の大半と新潟県北部）では基本的に南方の倭人文化と同質であるのに対して、(2)渡嶋《わたりしま》（北海道）の蝦夷は完全に北方の文化圏（続縄文文化・擦文《さつもん》文化）に属する。また、(3)古代蝦夷の中核部分を構成するといってよい東北北部（青森・秋田・岩手県の全域と宮城県北部）の蝦夷は、おおむね両系統の文化を合わせもっていた。したがって(1)の地域に限っていえば、蝦夷非アイヌ説が成り立つとみることができるし、(2)の地域の人びとに関しては、彼らがアイヌ民族の先祖にあたることは否定できないということからすれば、蝦夷アイヌ説にも一理あるといえるかも知れない。しかし(3)の地域の人びとの存在形態は、そのような二者択一の議論を許さないのである。

同じ地域の蝦夷でも、集落の立地の違いなどにより、農耕を主たる生業にする蝦夷もいれば、狩猟を主とする蝦夷や、馬飼《うまかい》、漁撈に従事する蝦夷もいたに違いない。いくつかの生業を合わせ営むということも、ごくふつうにあったと思われる。ただしこのようなことは、倭人社会でも基本的に同じだったはずで、要するに社会的分業として理解すべき問題であるから、蝦夷社会に固有な特色ということではない。あくまでも、総体として蝦夷社会がどのような特質をもっていたか、ということを問題とする必要がある。また同じ地域でも、時期によって生業や文化のあり方が変化するということもあった。蝦夷観念の成立期とみられる六世紀代は、東北北部は基本的には続縄文文化圏に含まれていたとみるべきであるから、この時期の(3)の地域は、稲作農耕はごく一部でしか営まれていなかった。それが、七世紀以降はしだいに東北北部にも稲作農耕が浸透していくのである。

このように蝦夷には、さまざまな人びとが含まれており、しかも時期による変化も決して小さくなかった。蝦夷観念は、このような複雑な実態を有する蝦夷のごく一部の要素を、政治的な意図によって抽出して構成されたものなのである。

蝦夷文化の特質

また蝦夷が保持していた文化も、巨視的には南北両系統の文化要素から構成されていたといってよいが、その具体相ということになると、まだまだ未解明の問題が少なくない。まず、北方系・南方系両方の文化を合わせもつといっても、蝦夷の文化体系のなかにおける両系統の文化要素の存在形態を具体的に明らかにする必要がある。本書では、基本的には、物質文化の分野では南方（倭人）系の文化要素をかなり受容していたが、精神文化では北方（続縄文）系の文化要素がかなり残存していたととらえた。そして蝦夷文化の研究において、現段階においてもっとも解明が遅れていると思われるのは、狩猟の問題である。これについては、本書は問題提起的な内容にとどまっているので、今後の研究に委ねる部分が多く残されている。

また蝦夷文化が南北両系統の文化要素からなっているというとらえ方は、蝦夷文化の独自性、主体性という観点からいうと、いまだ消極的な評価にとどまっているといわざるをえないであろう。蝦夷たちは、南北両系統の文化要素を主体的に摂取し、独自の文化体系として再構成していたはずで、その具体相を明らかにする必要があると考える。たとえば東北北部から北海道にかけて築かれた末期古墳などは、このことを象徴的に示す文化遺産といってよいであろう。続縄文文化の墓制の伝統のうえにたって古墳文化の墓制を受容し、新たに形成された蝦夷社会に固有な墓制として評価すべきであると考える。決して古墳文化の「退化現象」などではないのである。

さらに蝦夷文化の重要な特色と考えられる狩猟と馬飼に関しても、同様な評価をすべきではなかろうか。狩猟は続縄文文化の伝統を引く北方系の文化要素であり、一方、蝦夷の馬飼は、南方の古墳文化から受容したものであった。そうすると、狩猟と馬飼は蝦夷が南北両系統の文化を合わせもっている一例ということになるが、筆者はこのような評価では不十分であると考える。というのは、すでに詳述したように、狩猟と馬飼は蝦夷文化を特色づける生業であり、蝦夷文化のなかで特別な意味をもっていたという事実があるからである。この二つの生業は、蝦夷社会において独自の結合形態をとるようになり、その文化体系のなかで特別な意味をもつようになったのではないかと考える。

馬飼は、蝦夷社会のなかで独自の発展をとげるが、おそらくそれをうながしたのが伝統的な狩猟文化であったろう。東北北部の続縄文人たちは、狩猟を主要な生業とし、移動性に富んだ生活を送っていたが、そこに五世紀末ごろに南方の古墳文化社会から馬が伝来してくる。馬飼はかれらの遊動的な生活形態や原野のひろがる東北北部の風土に適合的であったと思われる。また馬は狩猟にも有用である。そのようなことから馬飼は蝦夷社会にひろく受け入れられ、重要な生業として定着していったのではなかろうか。蝦夷の戦闘能力の高さは、蝦夷社会における狩猟と馬飼の特異な結合を想起させるが、これは倭人社会から受容した馬飼が、蝦夷社会では狩猟と結びついて倭人社会とは異なった発展をとげていったことを示していると思われる。このような想定が成り立ちうるとすれば、蝦夷社会における狩猟と馬飼は、北方系と南方系の両文化を合わせもつ例というのにとどまらず、その系統を異にする二つの文化要素が蝦夷の文化体系のなかで独自の結合様式をとり、蝦夷文化の重要な構成要素となっていったことを意味するといえよう。蝦夷文化は、続縄文系の文化要素を基層としながらも、それに主体的に摂取した南方系の倭人文化を有機的に結合させ、独自の文化体系として再構築したものとして評価されるべきであろう。

城柵の多面性

また本書では城柵についても、その形成過程を中心に検討をおこなった。城柵論の分野においても、古代史家と考古学者の間にはなお多くの見解の相違が存しているというのが実情である。戦後の城柵研究では、単純な軍事施設（トリデ）説を批判するかたちで、発掘調査の成果をふまえて城柵＝官衙説が唱えられた。しかしながら現段階では、城柵論においても城柵は軍事施設か官衙かという二者択一の問題設定は意味をなさなくなっているといってよい。軍事的性格も官衙的性格も、多面性をもつ城柵の一側面にすぎないととらえるべきであろう。

本書では、とくに城柵の形成過程の考察から生じてくる問題として、古墳時代社会からの継承の問題、交易センターとしての側面、住民の政治的な編成と城柵の関係など、総じて城柵と在地社会とのかかわりの問題を中心に城柵の性格を検討してみた。これらは、いずれもこれまでの城柵論ではあまり取り上げられてこなかった問題といってよい。それが問題として意識されるようになったのは、ひとえに考古学的な調査、研究の進展に負っている。今後、あらたな城柵論を構築していくためには、近年のめざましい考古学的な成果を十分にふまえることはもちろんであるが、それとともにこれまでの文献史学の研究の蓄積をもふまえて、両分野の研究成果の統合をめざすしか道はないということを、最後にもう一度強調しておきたい。

あとがき

筆者が東北古代史の研究にかかわるようになったのは、現在の職場である東北学院大学文学部史学科に勤務した一九八二年（昭和五十七）以降のことである。当時、史学科では故伊東信雄先生を研究代表者として科学研究費補助金（総合研究A）の交付を受けて「北方日本海文化の形成」というテーマで共同研究をおこなっていて、その分担研究者に加えていただいたことが直接のきっかけであった。

筆者と東北古代史との出会いは、学生時代に高橋富雄先生の授業を受講させていただいたときにまでさかのぼる。また学部学生から大学院生の時期にかけて、宮城県多賀城跡調査研究所でしばらくお手伝いをさせていただいていた。当時の研究所は、政庁跡（当時は「内城」と呼んでいたように思う）の裏手の小さなプレハブの建物であったが、所長の岡田茂弘氏をはじめ、工藤雅樹・桑原滋郎・進藤秋輝・平川南・高野芳宏・鎌田俊昭・白鳥良一などの諸氏が所員としておられ、研究室の先輩である西洋子・今泉隆雄・熊田亮介の諸氏も研究所で非常勤の仕事をされていて、いろいろなことを教えていただいた。いまから見ると実に錚々たる顔ぶれであるが、当時は所長以下の方々もまだ若くて、活気にあふれていた。筆者は主に文献の仕事の手伝いをしていたが、発掘現場に出させていただいたこともあり、「武蔵国幡羅郡米五斗」という荷札木簡の出土に出くわしたことなどはよい想い出となっている。結局、当時の筆者は、このような恵まれた環境に身を置きながら、東北古代史に主体的に興味をもつということができないで終わってしまった。思い返すと悔やまれるが、このとき勉強させていただいたさまざまなことが、のちに東北古代史を自分の研究テーマとするようになってから非常に役に立った。当時の研究所でお世話になった方々に、この場を借りて御礼を申し上げたい。

いまの職場に勤めてからは自然に東北古代史に関心が向いていったが、しばらくの間は文献史料のみをつかう研究スタイルで、オーソドックスといえば聞こえがいいが、旧態依然の方法であった。そうしたなかで『石巻の歴史』や『仙台市史』『青森県史』などの自治体史にかかわったり、同じ職場の大石直正氏や榎森進氏が北方史の研究に考古資料を積極的に活用されているのをみて、ようやくもっと考古学の勉強をしなければと思うようになり、関心もしだいに支配体制の問題から文化や在地の問題へと移っていった。

昨年度から同じ職場の辻秀人氏を研究代表者とする科研「古代東北、北海道におけるモノ、人、文化交流の研究」に加えていただき、考古学の専門家の方々とともに各地で七世紀代の土器をいっしょに観察するという機会に恵まれるようになった。考古学の論文や報告書を読んで、筆者にとってもっともわかりにくいのが土器である。実物を前にして専門家の方々のお話をうかがえるのは実に楽しいし、大変勉強にもなるが、やはり土器はむずかしいというのが実感である。だが蝦夷・城柵研究の進展は、小著でもくり返し述べたように、古代史・考古学両分野の成果の統合の努力なしにはありえないと思う。これからも、さまざまなことを考古学から学んでいきたいと考えている。

なお、蝦夷と古代国家のかかわりについては、先般刊行された拙著『蝦夷の地と古代国家』（山川出版社、二〇〇四年三月）を合わせてお読みいただければ幸いである。

最後に、本書の刊行にあたって大変お世話になった吉川弘文館の大岩由明氏と編集を担当していただいた若山嘉秀氏に心から御礼を申し上げたい。

二〇〇四年四月

熊谷公男

著者紹介
一九四九年、宮城県に生まれる
一九七九年、東北大学大学院博士課程単位取得退学
現在、東北学院大学文学部教授
主要著書
大王から天皇へ　蝦夷の地と古代国家

歴史文化ライブラリー
178

古代の蝦夷と城柵

二〇〇四年（平成十六）七月一日　第一刷発行

著　者　熊《くま》谷《がい》公《きみ》男《お》
発行者　林　英男
発行所　株式会社　吉川弘文館
東京都文京区本郷七丁目二番八号
郵便番号一一三—〇〇三三
電話〇三—三八一三—九一五一〈代表〉
振替口座〇〇一〇〇—五—二四四
http://www.yoshikawa-k.co.jp/
印刷＝株式会社 平文社
製本＝ナショナル製本協同組合
装幀＝山崎　登

歴史文化ライブラリー

1996.10

刊行のことば

現今の日本および国際社会は、さまざまな面で大変動の時代を迎えておりますが、近づきつつある二十一世紀は人類史の到達点として、物質的な繁栄のみならず文化や自然・社会環境を謳歌できる平和な社会でなければなりません。しかしながら高度成長・技術革新にともなう急激な変貌は「自己本位な刹那主義」の風潮を生みだし、先人が築いてきた歴史や文化に学ぶ余裕もなく、いまだ明るい人類の将来が展望できていないようにも見えます。このような状況を踏まえ、よりよい二十一世紀社会を築くために、人類誕生から現在に至る「人類の遺産・教訓」としてのあらゆる分野の歴史と文化を「歴史文化ライブラリー」として刊行することといたしました。

小社は、安政四年（一八五七）の創業以来、一貫して歴史学を中心とした専門出版社として書籍を刊行しつづけてまいりました。その経験を生かし、学問成果にもとづいた本叢書を刊行し社会的要請に応えて行きたいと考えております。

現代は、マスメディアが発達した高度情報化社会といわれますが、私どもはあくまでも活字を主体とした出版こそ、ものの本質を考える基礎と信じ、本叢書をとおして社会に訴えてまいりたいと思います。これから生まれでる一冊一冊が、それぞれの読者を知的冒険の旅へと誘い、希望に満ちた人類の未来を構築する糧となれば幸いです。

吉川弘文館

〈オンデマンド版〉
古代の蝦夷と城柵

歴史文化ライブラリー
178

2018年（平成30）10月1日　発行

著　者　熊《くま》谷《がい》公《きみ》男《お》
発行者　吉川道郎
発行所　株式会社　吉川弘文館
〒113-0033　東京都文京区本郷7丁目2番8号
TEL　03-3813-9151〈代表〉
URL　http://www.yoshikawa-k.co.jp/

印刷・製本　大日本印刷株式会社
装　幀　清水良洋・宮崎萌美

熊谷公男（1949～）

ISBN978-4-642-75578-8